예수전

돌베개

예수전
김규항 지음

2009년 4월 13일 초판 1쇄 발행
2022년 6월 3일 초판 13쇄 발행

펴낸이 한철희 ｜ **펴낸곳** 주식회사 돌베개 ｜ **등록** 1979년 8월 25일 제406-2003-000018호
주소 (10881) 경기도 파주시 회동길 77-20 (문발동)
전화 (031) 955-5020 ｜ **팩스** (031) 955-5050
홈페이지 www.dolbegae.co.kr ｜ **전자우편** book@dolbegae.co.kr
편집 김희진·오경철·이경아·조성웅·고경원·신귀영
디자인 안상수·김동신·이은정·박정영 ｜ **지도** 석재원
마케팅 심찬식·고운성 ｜ **제작·관리** 윤국중·이수민 ｜ **인쇄·제본** 상지사P&B

ISBN 978-89-7199-335-4 (03810)
책값은 뒤표지에 있습니다.

ⓒ 김규항, 2009

이 도서의 국립중앙도서관 출판시도서목록(CIP)은 e-CIP 홈페이지
(http://www.nl.go.kr/cip.php)에서 이용하실 수 있습니다.(CIP제어번호: CIP2009001000)

예수전

● **일러두기**

1. 이 책은 「마르코복음」 인용과 본문(강독)으로 구성되어 있다. 책에 인용된 「마르코복음」 부분은 분도출판사의 허가를 받아 『200주년 신약성서』(2007년 개정판)를 사용했다.
2. 「마르코복음」 인용 부분에서 [ ]는 사본에 따라 없는 경우도 있음을 나타내기 위해 그리스어 원문대로 쓴 것이고, ( )는 원문에는 없지만 독자의 이해를 돕기 위해 『200주년 신약성서』의 역자가 첨가한 것이다.
3. 이 책의 본문에 인용된 구약성서 부분은 『공동번역 성서』(1999년 개정판)를 사용했다.
4. 외래어는 '외래어 표기법'(1986년 문교부 고시)에 따라 표기했다. 단, 성서 고유의 인명과 지명은 『200주년 신약성서』의 원칙을 따라 표기했다.
5. 성서 인용 부분에서 맞춤법 및 띄어쓰기는 표준 '한글맞춤법'(1988년 문교부 고시)에 따라 바로잡아 본문과 통일하였다.

차 례

머리말	9
제 1 장	17
제 2 장	41
제 3 장	58
제 4 장	72
제 5 장	83
제 6 장	95
제 7 장	115
제 8 장	127
제 9 장	140
제 10 장	154
세 11 장	174
제 12 장	192
제 13 장	211
제 14 장	218
제 15 장	244
제 16 장	260

머리말

오늘 우리가 살아가는 세상은 확실히, 어떻게 살아야 하는가, 좀더 나은 세상은 불가능한가를 고민하는 사람들을 우울하게 만든다. 지난 20~30년 사이 자본주의가 다시 초기의 야만으로 회귀하기 시작하고, 자본주의를 그나마 왼쪽으로 당겨주던 동유럽이 무너지면서 세상은 그야말로 아수라장이 되어 버렸다. 그런 변화는 군사 독재를 물리친 기쁨에 마냥 취해 있던 한국 사회에 더욱 크게 다가왔다. 이른바 '민주화 정권' 10년 동안 한국 사회는 온전한 부자들의 천국이 되었다. 정직하게 일하는 사람들의 삶 속에서 참혹한 풍경들이 끝없이 이어졌다. 그러나 그보다 더 슬픈 일은 우리의 영혼이 파괴되고 있다는 것이다.

이를테면, 2005년 한국 사회엔 황우석 사건이라는 해괴한 사건이 있었다. 우리는 대개 그 사건의 핵심이 황우석 씨가 주장한 과학적 성과가 거짓이었다는 데 있다고 생각한다. 그러나 곰곰이 생각해 보면 그 사건의 핵심은 과학이나

진실 여부가 아니라 돈이었다. 그 사건은 오늘 한국 사회
성원들의 절대다수가 돈을 제 삶의 가장 중요한 가치로 두고
있음을 드러냈다. 물론 어느 시대 어느 사회에나 그런 사람은
존재한다. 그러나 그런 사람이 사회 성원의 절대다수를
이룬다면 그건 이미 사람의 사회가 아니라 짐승의 사회다.
그 사건은 오늘 한국 사회가 이미 그 지경에 이르렀다는
사실을 아프게 확인해 주었다.

사람들은 더 이상 꿈꾸고 상상하려 하지 않는다. 모든
이상주의적 태도는 유치하고 어리석은 인간의 표징으로
여겨진다. 사회변혁을 생각하는 사람들은 대중과의
소통을 포기하고 제 신념을 사수하는 데 몰두한다. 그들의
옛 동료라는 어떤 사람들은 도사의 얼굴로 사회구조가
변혁되어도 소용이 없다고 툴툴거린다. 자본주의와
사회주의의 혼합을 주장하는 어떤 사람들은 대중의 욕망은
합리적이라고 소리치고 그 욕망이 문제라는 어떤 사람들은
자본주의와 사회주의는 근대의 쌍생아라고 막말한다.
인텔리들의 그런 지적·정신적 혼란 속에서, 대개의 사람들은
자신의 상품성을 관리하고 제 자식을 더 경쟁력 있는
상품으로 만드느라 여념이 없다.

그러나 그런 우울한 현실 속에서도 자신을 함부로 부리지

않고 '이건 아닌데'라고 되뇌며 조용히 실마리를 모색하는 사람들이 있다. 이 책은 바로 그들을 위한 것이다. 예수가 그들에게 실마리를 제공할 것이다. 예수는 우리에게 올바로 살기 위해 고통과 헌신을 감수할 것을 요구하지 않는다. 오히려 더 삶을 즐기라고 더 많이 행복하라고 말한다. 그는 우리에게 좀더 나은 세상을 만드는 일이 실은 인생의 진짜 즐거움과 진짜 행복을 좇는 일과 관련되어 있음을 알려 준다. 예수의 별명은 '먹고 마시길 즐기는 자'였다.

처음에 나는 이 책을 통해 '예수는 그런 사람이 아니다'라고 말하려 했다. 예수는 인류 역사를 통틀어 가장 유명한 인물이자 가장 많은 오해에 휩싸인 인물이다. 지배계급이 일찌감치 이 위험하기 짝이 없는 이상주의자를 자신들의 수호신으로 만들어 버린 후, 사람들은 그 예수를 각자의 세속적 욕망을 신에게 청탁하는 매우 유능한 중계인쯤으로 알게 되었다. 나는 그 오해의 일부라도 걷어 내고 싶었다. 그러나 본격적인 집필을 위한 기초 작업으로 내 모든 종교적 지식과 선입견을 걷어 내고 복음서 읽기와 묵상을 거듭하면서, 나는 놀랍게도 2,000년 전 예수가 21세기를 살아가는 우리의 문제에 대해 이미 말하고 있음을 확인했다.

강독 형식을 채택한 것도 그래서다. 본디 원고는 예수에 대한 견해를 담은 대개의 책들처럼, 주제별로 집필하면서 중간중간에 필요한 성서 본문을 인용하는 형식이었다. 그러나 어느 순간 나는 그런 형식이 예수에 관한 '김규항의 견해'를 전달하는 데 효율적이지만, '예수의 견해'를 전달하는 데는 좋지 않다는 걸 깨달았다. 그리고 예수의 견해를 담은 가장 훌륭한 책은 이미 오래전부터 나와 있었다. 바로 예수의 말과 행적을 담은 네 개의 복음서, 그중에서도 가장 먼저 쓰이고 그만큼 종교적 첨가도 적은 「마르코복음」이다. 이 책은 바로 「마르코복음」을 읽기 위한 책이다.

독자들은 이 책에 적힌 내 견해보다 그런 견해가 만들어지는 풍경, 내가 기존에 가진 모든 종교적 지식과 선입견을 걷어 내고 「마르코복음」을 읽고 묵상하는 풍경을 읽어 주기 바란다. 그리고 이 책을 다 읽고 난 다음 스스로 「마르코복음」을 읽어 보길 바란다. 예수가 각자의 삶에 전혀 새롭고 생생하게 다가올 것이다. 예수를 신앙의 대상으로 삼는가, 인간으로서 존경하는가는 전적으로 개인이 선택할 문제다. 그러나 어떤 선택을 하든, 예수는 우리가 삶의 기쁨과 의미를 회복하도록 돕는다. 그래서 예수는 우리에게 복음, 즉 '기쁜 소식'이다.

예수는 공생애 기간 한곳에 머물며 구체적인 사회상을

구현하려 하기보다는 내내 인민들의 삶의 현장을 돌다 미완의 상태로 생을 마감했다. 그러나 그가 보여준 삶의 방향과 결의 지독한 일관성은 우리로 하여금 그 어떤 구체적인 사회상보다 더 구체적인 것을 건져 올리게 한다. 예수는 새로운 사회의 실체는 그 체제나 법 같은 형식에 있는 게 아니라 바로 그 사회 성원들의 지배적인 삶의 방향과 결에 있음을 되새겨 준다. 그래서 그의 미완은 우리에게로, 우리의 미래로 한껏 열려 있다.

본문으로 『200주년 신약성서』를 선택한 가장 주요한 이유는 이 성서에서만 예수가 반말을 하지 않기 때문이다. 물론 2,000년 전 예수와 팔레스타인 인민들이 사용했던 아람어엔 존댓말·반말은 없다. 그러나 우리처럼 존댓말·반말이 엄격하고 또 매우 섬세한 사회적 맥락을 갖는 사회에서 예수를 '아무한테든, 대제사장에게든 로마 총독에게든 무턱대고 반말을 하는 사내'로 그리는 건, 게다가 그런 예수에게 대제사장과 로마 총독이 존댓말을 하는 것처럼 그리는 건 대단한 왜곡이 된다. 오늘 예수가 제대로 이해되지 못하는 가장 주요한 원인은 교회가 인간 예수의 삶을 교리 속에 묻어 버렸기 때문인데, 반말하는 예수는 교회의 그런 의도에 결정적으로 기여한다. 예수가 처음부터 하느님의 아들로 여겨졌던 것처럼, 백인들의 성화聖畵에서처럼 날 때부터 머리 뒤에 둥근 불을 달고 다니는 사람이었던 것처럼 느끼게 하는 것이다. 그러나 예수는 살아생전 랍비, 혹은 기껏해야 예언자로 여겨졌을 뿐이다. 기독교에서 예수의 신성을 공식 인정한 건 그가 죽고 무려 300여 년이 지나서다. 인간 예수의 삶이 없다면 그리스도 예수도 기독교도 없다는 당연한 이치를 우리는 잊어선 안 된다. 오랜 시간과 수고를 들여 성서를 번역하고 내놓는 분들을 존경하지만, 대부분의 성서에서 예수가 반말을 하는 한국은 예수가 오해되기 가장 좋은 조건을 갖춘 사회다.

'하나님'이 아니라 '하느님'이라고 표기한 건 그게 보편적인 표기 방법이기 때문이다. 지금 한국에 있는 주요한 기독교 교단들, 즉 가톨릭, 개신교, 성공회, 정교회 가운데 '하나님'을 사용하는 곳은 개신교뿐이다. 나머진 다 '하느님'이라 한다. 네 곳 가운데 세 곳이 사용하는 방식을 채택하는 건 보편적인 태도가 틀림없다. 그런데 그게 이상하게 느껴진다면 그건 개신교의 일부 교회가 가진 배타적 태도 때문일 것이다. 그들은 '하나뿐인 하나님'이어서 '하나'님이라고 말한다. 그러나 초기 한국어 성서 번역사를 살펴보면 '하나님'은 '하나+님'이 아니라 '하늘(하날)+님'에서 온 것이다. 설사 개신교의 주장대로 '하나님'이 '하나뿐'이라는 뜻이라 하더라도, '하나뿐'은 곧 '전부'이다. 하느님이 '온 우주

만물의 하느님'이라면, 하나님은 개신교와 기독교의 하나님일 뿐 아니라 불교와 이슬람의 하나님이며 심지어 무신론자에게도 하나님이다. 그러나 이 책은 '하느님'을 주장하진 않는다. 하느님이라 부르든 하나님이라고 부르든 하느님(하나님)의 실체가 변하는 건 아니다.

2005년 여름부터 진행한 '예수전' 강의와 세미나에 참여한 모든 사람들에게 감사드린다. 그 시간이 준 영감과 질문들이 이 책의 뼈대를 만들었다. 어김없이 전임 디자이너 노릇을 자청해 주신 안상수 선생에게 감사드린다. 원고를 꼼꼼히 읽고 학문적 감수를 해준 신학자 김진호 선생에게 감사드린다. 원고를 마무리하는 동안 사려 깊게 소통해 준 돌베개 편집부 김희진 씨에게 감사드린다.

사람들아, 이제 그와 함께 먹고 마시자.

2009년 3월 성산동 나락빙에서
김규항

제 1 장

1 [하느님의 아들이신] 예수 그리스도의 복음 시작.

복음은 '기쁜 소식'이다. 복음은 고통과 비참 속에, 허무와 번민 속에, 삶의 진정한 기쁨과 의미를 잃어버린 사람들에게 예수가 전한 기쁜 소식, 삶의 회복을 알리는 소식이다.

'그리스도'는 히브리어 '메시아'를 그리스어로 옮긴 말이다. 메시아란 '기름 부음을 받은 자'라는 말인데, 이스라엘 역사에서 왕을 임명할 때는 머리에 기름을 부어 하느님의 뜻임을 표현하는 관습이 있었다. 로마의 식민 통치를 받던 예수 당시의 이스라엘 사람들에게 그리스도란 이방인의 압제를 물리치고 이스라엘 민족을 해방시켜 다윗 왕과 같은 하느님의 신정神政을 이루는 '정치적 구원자'를 뜻했다. 그러나 예수가 죽고 예수의 운동이 기독교라는 종교로 발전하고 교리가 정립되어 가면서 그리스도라는 말은 정치적 구원자보다는 '영혼의 구원자'의 뜻으로 변화한다. 「마르코복음」에는 이 두 가지 뜻의 그리스도가 동시에 쓰인다고 할 수 있다. 「마르코복음」의 작가는 물론 그리스도라는 말을 영혼의 구원자라는 뜻으로 쓴다. 그러나 「마르코복음」에 등장하는, 예수 당시의 사람들에게 이 말은 정치적 구원자를 뜻한다.

"하느님의 아들이신"이라는 말 역시 그렇다. 예수 당시 사람들은 아직 예수를 하느님의 아들이라 생각하지 않았다. "하느님의 아들이신"은 「마르코복음」의 사본에 따라 있기도 없기도 하다.

2 이사야 예언자의 글에 "보라, 내 심부름꾼을 너보다 먼저 보내니 그는 네 길을 닦아 놓으리라. 3 광야에서 외치는 이의 소리니라. 너희는 주님의 길을 닦고 그분의 길을 고르게 하라"고 기록되어 있는 대로, 4 요한 세례자가 광야에 나타나 죄 사함을 위한 회개의 세례를 선포했다. 5 그래서 유다 지방 전체와 예루살렘 사람들 모두가 그에게로 나아가서, 자기들의 죄를 고백하며 요르단 강에서 그에게 세례를 받았다. 6 그런데 요한은 낙타 털옷을 입고 그 허리에는 가죽 띠를 띠고 메뚜기와 산꿀을 먹었다.

요한은 이스라엘의 마지막 예언자다. 예언자는 자신들이

하느님과 계약을 맺은 유일한 백성이라는 선민의식을
가진 이스라엘 사람들의 독특한 전통이다. 예언자는
인민을 대변하여 왕의 권력을 견제하며 또한 가난하고
힘없는 인민을 억압하고 착취하는 권력자와 부자들을 향해
하느님의 심판을 경고했다. 성서엔 수십 명의 예언자가
등장하지만 정작 예수가 태어날 즈음엔 오랫동안 예언자가
나타나지 않고 있었다. 이스라엘은 수백 년째 주변의 강대
제국들에 의해 주권을 잃은 상태였다. 바빌론, 이집트,
그리스의 식민지를 거쳐 예수가 태어나기 60여 년 전부터는
로마의 식민지 상태였다. 외세와 결탁해 영화를 누리던
지배세력에게 예언자 전통의 단절은 아쉬울 게 없었다.
그러나 외세와 그에 결탁한 지배세력의 이중적인 억압과
착취에 시달리던 인민들은 예언자를 갈망했다.

요한은 바로 그때 홀연히 나타났다. 요한은 요르단 강
건너 광야 지역인 베다니아에서 제자들과 함께 지내며
활동했다. 요한은 그 용모에 대한 묘사에서 드러나듯
매우 윤리적이고 금욕적인 생활을 했으며 누구도 함부로
대하기 어려울 만큼 지사적인 풍모를 가진 사람이었다.
요한은 이스라엘에 하느님의 심판이 임박했음을 경고하며
회개를 촉구했다. 요한은 회개와 용서의 상징으로 사람을
요르단 강물에 집어넣었다가 꺼내는 세례 의식을 치렀다.

'세례자 요한'이라는 별명은 그래서 나온 것이다. 요한의 세례 의식은 당시 유대교의 일반적인 관행을 거스르는 것이었다. 이스라엘 사람들은 정해진 제물을 준비하여 성전 제관(제사장)을 통해서만 하느님과 소통할 수 있다고 믿었다. 용서는 하느님을 모시는 예루살렘 성전의 고유한 권한이었던 것이다. 그러나 요한은 하느님이 이 타락한 세상을 더 이상 지켜보고만 있지 않을 거라 믿는 사람들에게서 폭넓은 존경과 지지를 받았다. 예수는 나중에 그에 대해 말한다. "여자에게서 태어난 사람 중에 요한 세례자보다 더 큰 인물은 나오지 않았습니다."(마태 11:11)

7 그리고 그는 선포했다. "나보다 더 강한 분이 내 뒤에 오십니다. 나는 꾸부려 그분의 신발 끈을 풀 자격조차 없습니다. 8 나는 여러분에게 물로 세례를 베풀었지만, 그분은 여러분에게 성령으로 세례를 베푸실 것입니다." 9 그 무렵 예수께서는 갈릴래아 나자렛으로부터 오셔서 요르단 강에서 요한에게 세례를 받으셨다.

지금이야 그렇지 않지만, 「마르코복음」이 집필된 초기 기독교 당시엔 요한을 그리스도로 섬기는 세력이 예수를 그리스도로 섬기는 세력보다 결코 작지 않았다. 두 세력은 경쟁 관계에 있었으며 기독교인들로선 자신들의 그리스도가 요한에게서

세례를 받았다는 게 명예로울 리 없었다. 만일 예수가
요한에게서 세례를 받은 게 널리 알려진 사실이 아니었다면
굳이 그렇게 적을 이유가 없었을 것이다. 「마르코복음」을
비롯한 복음서는 예수가 요한에게서 세례를 받은 것은
부인하지 않는 대신, 요한을 시종일관 '예수의 예비자'로
묘사함으로써 예수에 대한 요한의 역할과 영향력을 축소하려
애쓴다. 그런 정황으로 볼 때 예수는 요한에게서 단지 세례만
받은 게 아니라 순수하고 열정적인 갈릴래아의 다른 많은
청년들과 마찬가지로 요한을 존경하고 따랐으며, 요한을
넘어서는 자신만의 사상을 세우고 독자적인 활동을 시작하기
전까지 그의 그룹에서 활동한 것으로 보인다. 일반적인
의미에서, 예수는 요한의 제자였던 것이다.

예수는 "갈릴래아 나자렛" 출신이다. 이 사실에는 단지
지역적인 의미뿐 아니라 사회적인 의미가 있다. 왼쪽으로
지중해를 끼고 요르단 강을 따라 세로로 길게 뻗은
팔레스타인 땅은 크게 세 부분으로 나뉜다. 맨 아래가
유다, 가운데가 사마리아, 그 위가 갈릴래아다.[1] 그 가운데
가장 중요하게 여겨지는 곳은 역시 예루살렘 성전이
있는 유다 지역이다. 사마리아는 유다와 갈릴래아의

---

1 이 책 5쪽 지도 참조.

가운데에 있으면서도 이방 지역 취급을 받았다. BC 721년 팔레스타인에 쳐들어온 아시리아는 이스라엘 사람들의 순혈주의를 파괴하기 위해 3만여 명의 아시리아인들을 이주시켰고 그 결과 사마리아에는 혼혈이 많았다. 갈릴래아 사람들이 유다 지방을 가거나 유다 사람들이 갈릴래아 지역을 갈 때는 '더러운 사마리아인을 피해' 요르단 강 건너로 멀리 돌아가곤 했다. 사마리아 사람들도 반발심에 자신들의 성전을 따로 세우고 그들과 완전히 절연했다.

갈릴래아는 팔레스타인을 통틀어 가장 비옥한 땅이고 '바다'라 불릴 만큼 큰 갈릴래아 호수에선 물고기가 많이 잡혀 어업이 성했다. 그러나 갈릴래아 사람들은 매우 가난했다. 그들이 경작하는 땅은 대부분 예루살렘에 사는 지주들의 것이었기 때문이다. 갈릴래아 사람들은 지배계급과 로마의 이중적 착취에 시달리며 고통스러운 삶을 이어 갔는데 상황은 점점 더 나빠져만 갔다. 게다가 갈릴래아 또한 외세의 침략으로 적지 않은 혼혈이 생겼던 지역이었다. 사마리아처럼 이방 지역으로까지 취급되지 않았지만 유다 사람들에 의해 심한 차별과 천대를 받았다.

가난과 차별, 미래를 꿈꿀 수 없는 절망감 속에서 갈릴래아 사람들의 저항의식은 늘어만 갔다. 끊임없이 소요와 봉기가 일어났고 대개의 갈릴래아 청년들은 과격한 사회의식을 갖고 있었다. 그들은 불의한 세상과 맞서 싸우고 또 죽어 갔다. 예수는 바로 그런 참혹한 현실 속에서 성장했다. 예수는 마치 오늘 미국을 등에 업은 이스라엘에 압살당하는 팔레스타인의 소년처럼, 동네 형들과 삼촌들이 불의한 현실에 저항하다 줄줄이 죽어 가는 모습을 보면서 자랐다.

예수가 갈릴래아 출신이라는 건 당시 이스라엘 사람들의 메시아관에 걸맞지 않다. 메시아는 당연히 유다 지역에서 와야 했다. 특히 그들에겐 베들레헴에서 태어난 다윗의 후손이 메시아가 된다는 믿음이 있었다. "베들레헴아, 너는 비록 유다 부족들 가운데서 보잘것없으나 나 대신 이스라엘을 다스릴 자, 너에게서 난다."(미가 5:1)

「마태오복음」과 「루가복음」은 짐짓 억지스럽게 예수가 유다 베들레헴에서 태어났다고 적는다. 「마태오복음」에서 예수는 베들레헴에서 태어났지만 메시아의 탄생 소식을 들은 헤로데가 어린아이들을 모조리 죽이려 하자 이집트로 피신했다가 갈릴래아로 돌아온다. 「루가복음」에서 예수의 부모 마리아와 요셉은 갈릴래아에서 살지만 인구조사를 받기 위해 고향인 베들레헴으로 가다가 예수를 낳는다. 그러나 한 사람의 고향은 그 사람이 태어난 순간에 머문

곳이 아니라, 부모가 살았고 자기 자신도 어린 시절을 보낸 곳으로 한 사람의 사회문화적 원형을 만든 곳이라는 점에서 예수는 분명히 유다 사람이 아니라 갈릴래아 사람이다. 갈릴래아에서 온 메시아. 그는 메시아이되 영광의 왕으로서의 메시아가 아니라 인민들의 고통스런 삶을 함께하는 메시아로서 예고된 것이다.

알다시피 오늘 대개의 사람들에게 예수는 갈릴래아에서 온 메시아도 유다에서 온 메시아도 아닌 '교리 속에서 온 메시아'다. 그 연원은 4세기로 거슬러 올라간다. 325년 최초의 기독교인 로마 황제 콘스탄티누스는 니케아에 있는 제 별장에 세계의 주요한 주교들을 모아 놓고 회유와 협박으로 예수가 '하느님과 동일 본질'이라는 결정을 내리게 한다. 당시 예수의 정체성에 대한 논쟁은 자유로운 편이었는데 대체로 예수가 하느님과 같은 존재라는 의견보다는 예수가 사람보다는 높지만 하느님보다는 낮은 존재라는 견해가 우세한 편이었다. 콘스탄티누스는 처음엔 그런 신학 논쟁에 별 관심이 없었으나 이내 예수가 하느님의 지위를 얻으면 자신의 지위도 함께 격상된다는 점을 간파했다. 교리의 통일을 통해 자신의 통치력을 한껏 강화할 수 있다는 점도.

그런 정치적 의도로 내려진 결정은 더 이상 다른 견해들을 용납하지 않았다. 그리고 그 결정이 오늘 우리가 알고 있는 기독교 교리의 뼈대가 되었다. 그후 오늘까지 거의 모든 지식과 신앙에서 예수는 교리 속의 주인공으로 출발한다. 오늘날 대개의 사람들은 예수가 정말 어떤 생각을 했고 어떻게 활동했으며 무엇을 꿈꾸었는지 왜 죽임을 당했는지 따위는 모조리 생략한 채, 그를 단지 교리의 주인공으로만 기억한다. 정말 예수는 단지 교리의 주인공이 되기 위해 그 고단한 삶을 살았단 말인가? 이성으로든 신앙으로든, 예수를 '갈릴래아에서 온 사람'으로 보느냐 '교리 속에서 온 사람'으로 보느냐 하는 것은 예수의 정체성을 선택하는 결정적인 지표가 된다.

10 그리고 즉시 물에서 올라오면서 보시니 하늘이 갈라지고 영이 비둘기처럼 당신에게 내려왔다. 11 하늘에서 소리가 났다. "너는 내 사랑하는 아들이니, 나는 너를 어여삐 여겼노라." 12 그리고 즉시 영이 예수를 광야로 내보냈다. 13 그리하여 예수께서는 광야에서 40일 동안 사탄에게 유혹을 받으셨다. 또한 들짐승들과 함께 지내셨는데 천사들이 그분의 시중을 들고 있었다.

예수는 신비체험을 통해 자신의 사명을 확인한다. 말하자면

예수는 '득도'한다. 예수는 광야로 나간다. 이집트에서
노예 생활을 하던 히브리인들을 이끌고 탈출한 모세가
약속의 땅 가나안에 들어가기 위해 40년을 광야에서 지낸
이래, 이스라엘 사람들에게 광야는 시련과 성찰을 상징하는
공간이다. 예수는 사탄에게서 유혹을 받는다. 모든 세속적인
욕망들을 접고 세상을 바꾸는 삶에 자신을 바치기로 결심한
지 오래지만, 한 인간으로서 마지막 번민이 시작되는
것이다. 사랑하는 여인의 따뜻한 품도, 눈에 넣어도 아프지
않을 아이도, 오순도순 식구를 건사하며 평화롭게 일생을
보내는 범부의 삶도 이제 모두 사라지는 것이다. 예수는
40일 동안 광야에서 지내면서(「마태오복음」, 「루가복음」에는
"금식하면서"라 되어 있다) 여전히 남아 있는 이런저런 욕망의
찌꺼기들을 씻어 내고 몸과 마음을 추스른다.

"너는 내 사랑하는 아들"이라는 말에는 아버지의 권위와
사명을 받아 마땅한 '아들'(딸이 아닌)이라는 가부장적
사고방식이 들어 있다. 물론 이것은 하느님의 사고방식이
아니라 「마르코복음」이 지어질 당시 사람들의 사고방식이다.
가부장적 사고가 인간의 보편적 양식과 어긋난다는 걸
아는 우리는 성서를 읽을 때 그런 점을 감안해야 한다.
예수가 남성이었다는 걸 부인할 이유는 없지만, 예수가
여성이었더라도 하느님의 권위와 소명을 받는 데 아무런

문제가 없다는 사실이 거리낌 없이 인정되어야 한다.

14 요한이 잡힌 후에 예수께서는 갈릴래아로 가셔서 하느님의 복음을 선포하시며 15 "때가 차서 하느님의 나라가 다가왔습니다. 여러분은 회개하고 복음을 믿으시오" 하셨다.

로마가 이스라엘의 괴뢰 왕으로 헤로데를 세운 게 BC 41년이다. 헤로데는 유다인이 아니라 이두매아인이었기에 선민의식에 가득 찬 순혈주의자들의 왕이 되기엔 부적절한 인물이었다. 그러나 헤로데는 로마에서 벌어진 안토니우스와 아우구스투스의 권력투쟁의 틈바구니를 노회하게 줄타기한 끝에 유다의 왕이 되었다. 헤로데는 아내 두 명과 아들 셋, 처남들을 반역죄로 몰아 죽일 만큼 잔혹한 인물이었다. 이스라엘 사람들은 이 이방인 폭군을 극도로 증오했다.

BC 4년 헤로데가 죽자 로마는 헤로데의 세 아들에게 팔레스타인을 나누어 통치하게 했다. 아켈라오에겐 유다와 사마리아를 안티파스에겐 갈릴래아와 베레아를 그리고 필립보에겐 요르단 동부 지역을 다스리게 했다. 그런데 아켈라오는 하도 통치를 못해서 10년 만에 폐위된다. 이스라엘 사람들은 순혈의 왕을 바랐지만 로마는 다시 왕을 세우지 않고 총독 코포니우스를 보내 이 지역을 직접 다스리기 시작한다. 예수에게 사형을 선고한 본디오 빌라도는 5대 총독(AD 26~36)이다. 헤로데의 세 아들 가운데 가장 두드러진, 예수의 생애와 관련해서 가장 중요한 인물은 그 아비의 노회함과 잔혹함을 쏙 빼닮았다는 갈릴래아의 영주 안티파스다.

요한은 결국 안티파스에게 체포되어 참수형에 처해진다.(6:17~29) 예수는 요한의 뒤를 잇기라도 하듯 본격적인 활동을 시작한다. 예수는 '하느님 나라'(직역하면 '하느님의 왕정')가 다가왔음을 알리며 회개를 촉구한다. 그런데 앞으로 예수의 입을 통해 거듭 전해질 하느님 나라는 세례자 요한을 비롯해 대개의 이스라엘 사람들이 생각하던 하느님 나라와는 전혀 다르다. 그것은 하느님의 심판과 징벌로 만들어지는 세상이 아니라, 하느님이 준비하고 초대하는 잔치 같은 것이다.

예수는 회개하고 복음을 믿으라, 즉 하느님 나라의 기쁜 소식을 받아들이라고 말한다. 예수가 말한 '회개'를 단지 종교적 회심回心으로 이해해선 안 된다. 예수는 자신의 종교라 할 유대교 안에서 회심하라는 게 아니며, 아직 생기지도 않은 기독교 안에서 회심하라고 하는 건 더더욱 아니다. 예수는 종교적 회심을 촉구하는 게 아니라 더 근본적인 회심을 촉구한다. 예수는 '지금까지의 삶의 태도와 방식을 완전히 뒤집을 것'을 촉구하는 것이다. '삶의 태도와 방식을 완전히 뒤집고, 하느님 나라의 기쁜 소식을 받아들이라'는 말은 '하느님 나라의 기쁜 소식을 받아들이려면 먼저 내 삶의 태도와 방식을 완전히 뒤집어야 한다'는 말이기도 하다. '회개'로 번역된 그리스어 '메타노이아'는 '길을 바꾸다, 되돌아서다'라는 뜻이기도 하다.

16 그리고 갈릴래아 호숫가를 지나가시다가 보시니, 시몬과 시몬의 동기 안드레아가 호수에 그물을 던지고 있었다. 그들은 어부들이었다. 17 그러자 예수께서는 그들에게 "내 뒤로 오시오. 당신들이 사람들을 낚는 어부들이 되게 하겠소" 하셨다. 18 그러자 즉시 그들은 그물을 버리고 그분을 따랐다. 19 그리고 그분은 조금 더 가시다가 제베대오의 아들 야고보와 그의 동기 요한을 보셨는데 그들은 배에서 그물을 손질하고 있었다. 20 그래서 즉시 그들을 부르시니 그들은 자기네 아버지 제베대오를 삯꾼들과 함께 배에 버려두고 그 뒤를 좇아 떠나갔다.

예수가 두 청년을 보고 한마디 하니 그들이 바로 따르는 장면은 예수가 어떤 신비 능력을 발휘해서 그들을 이끌고 간

것처럼 보일 수도 있다. 그러나 "예수와 두 청년이 한 번도 만난 적이 없다"거나 "'내 뒤를 따르시오. 당신들이 사람 낚는 어부가 되게 하겠소' 한마디 말고는 아무런 소통이 없었다"고 적혀 있진 않다. 이 장면은 마치 영화처럼 앞의 여러 장면들이 생략되어 있다. 「마르코복음」의 작가는 아마도 예수의 요청을 어떤 거리낌도 없이 즉각 받아들이는 사람을 그려 내고 싶었던 것 같다. 그러나 우리는 상상력을 통해 생략된 장면들을 이 장면에 연결시킬 수 있다.

예수는 본격적인 활동을 시작하기 위해 제자를 구한다. 시몬과 안드레아는 예수가 고심 끝에 고른 첫 제자 후보들이다. 두 사람은 요한이 체포되자 뒤를 이어 활동을 시작한, 즉 많은 사람들이 요한의 후계자로 주목하는 예수를 물론 알고 있다. 둘은 예수에게서 '새로운 세상을 만들자'는 제의를 받고 많이 기뻤지만 동시에 고민에 빠진다. 예수를 따라 나서면 당장 식구들 먹고사는 일이 막막해지고, 자칫하면 안티파스나 로마군에 잡혀 죽임을 당할 수 있다. 가족들이 울며 만류했는지 아니면 애써 격려했는지는 알 수 없지만 분명한 건 두 사람이 결국 예수를 따르기로 했다는 것이다. 두 사람은 떠나는 순간까지 평소와 다름없이 제 노동과 일상을 지속하다, 약속한 시간 예수가 다가와 말을 건네자 두말없이 길을 나선다.

21 그리고 그들은 가파르나움으로 들어갔다. 그리고 즉시 그분은 안식일에 회당으로 [들어가서] 가르치셨다.
22 그런데 사람들은 그분의 가르침에 매우 놀랐다. 그분은 율사들과는 달리 권위를 지닌 분으로서 그들을 가르치셨기 때문이다.

회당은 원래 '디아스포라'(팔레스타인 바깥의 유다인 공동체)를 위해 만들어진, 예배당이자 마을회관 같은 곳인데 예수 당시엔 예루살렘에서 멀리 떨어진 팔레스타인 지역에도 많이 생겨났다. 사람들은 회당에 모여 율사들에게서 하느님의 말씀을 듣고 기도했다. 율사는 율법을 전업으로 공부하고 가르치는 사람으로 '랍비'라는 경칭으로 부르기도 하는데 대부분은 바리사이인들이었다.

사람들은 예수의 권위 있는 가르침에 놀란다. 여기에서 '권위 있다'는 말은 민주적이지 않은 어떤 억압적인 상태를 말하는 게 아니라, 어떤 대상에 대한 분명한 존중이나 신뢰를 말한다. 그럴 만도 했다. 하느님이 달랐던 것이다. 율사들은 하느님을 율법에 담아 가르쳤다. 율법은 '토라'라고도 하는데 구약성서에서 '모세5경'이라고 부르는 맨 앞 다섯 권의 책, 「창세기」, 「출애굽기」, 「레위기」, 「신명기」, 「민수기」를 일컫는다. 율법에 의하면 하느님은 '자기 감정대로' 행동하는

존재다. 하느님은 이스라엘 사람들에게 지켜야 할 것과
해서는 안 될 것들을 매우 꼼꼼하게 명령했는데, 그 명령을 잘
따르면 기뻐하고 상을 주었지만 어기면 크게 화를 내며 벌을
주었다. 그리고 이스라엘 사람들과 이해관계가 배치되는
사람들이나 사회에 대해선 매우 차갑고 잔혹했다. 온 인류의
보편적 하느님이 아니라, 자신들이 하느님과 계약을 맺은
유일한 백성이라는 선민의식에 젖은 이스라엘 사람들의
배타적인 민족 신으로서 하느님이었던 셈이다.

예수는 그런 하느님상을 뒤집는다. 앞으로 거듭
언급하겠지만, 예수에게 하느님은 권위적인 아버지가 아니라
다정한 엄마와 같은 존재다. 예수는 '하느님은 우리에게
명령하고 누르는 분이 아니라 우리를 이해하며 우리와
대화하려 하는 분'이라고 가르친다. 예수의 가르침에서
하느님은 행여 진노할까 두려워 엎드려 눈치를 살펴야 하는
존재가 아니라 마주 보며 대화하고 위로받고 의지할 수
있는 존재였다. 예수의 가르침에서 하느님은 비로소 율법의
굴레에서 천천히 걸어 나와 인민들과 만났다. 하느님이 그런
분이셨다니! 인민들은 경탄하며 예수의 가르침에 기꺼이
'권위'를 부여한다.

23 바로 그때 그들의 회당에는 더러운 영에 사로잡힌 사람

하나가 있었다. 그는 소리쳤다. 24 "나자렛 사람 예수님, 당신이 우리와 무슨 상관이 있습니까? 당신은 우리를 없애러 오셨습니까? 나는 당신이 누구인지 압니다. 하느님의 거룩한 분입니다." 25 그러자 예수께서는 그에게 "잠자코 그에게서 떠나가라"고 하시며 꾸짖으셨다. 26 그러자 더러운 영은 그에게 경련을 일으키고 큰 소리를 지르면서 그에게서 떠나갔다. 27 그러니 모두 몹시 놀라 서로 캐어물으며 말했다. "이게 웬일이냐? 권위 있는 새로운 가르침이다. 그분이 더러운 영들에게 명령하니 그들도 그분에게 복종하는구나!" 28 그리하여 그분의 명성은 즉시 갈릴래아 근방에 온통 두루 퍼졌다. 29 그리고 그들은 즉시 회당에서 떠나가 야고보와 요한과 함께 시몬과 안드레아의 집으로 갔다. 30 그런데 시몬의 장모는 열이 나 누워 있었다. 그래서 사람들은 즉시 그 부인에 관해서 그분께 말씀드렸다. 31 그분은 가까이 가셔서 손을 잡아 부인을 일으키셨다. 그러자 부인에게서 열이 떨어지고 부인은 그들의 시중을 들었다. 32 저녁때가 되어 해가 졌을 때, 사람들이 앓는 이들과 귀신 들린 이들을 모두 그분께 데려왔다. 33 그리고 온 도시 (사람들)이 문 앞에 모여들었다. 34 그분은 갖가지 병으로 고생하는 사람들을 고치시고 많은 귀신들을 쫓아내셨다. 그런데 그분은 귀신들이 말하는 것을 허락하지 않으셨다. 그들이 그분을 알아보았기 때문이다.

"나자렛 사람" 예수는 귀신 들린 사람(속에 든 귀신)과 대화한다. 그런데 귀신은 예수가 단지 귀신을 쫓는 퇴마사가 아니라 전혀 다른 차원의 신념을 품은 사람임을 알아본다. 그러나 예수는 그 치하를 누가 들을까 무섭기라도 한 듯 귀신을 꾸짖는다. 오늘 학자들은 예수가 자신의 신분이나 특별한 사명을 감추려 하는 것이 「마르코복음」의 주요한 특징 가운데 하나라 말하기도 한다. 그러나 예수의 행동은 예수가 처한 상황을 생각한다면 오히려 당연한 것이다. 예수는 이제 막 독자적인 활동을 시작했다. 예수는 아직 세례자 요한만큼 유명하진 않지만 요한이 체포되자 마치 그 뒤를 잇듯 활동을 시작함으로써 그 후계자로 일정한 주목을 받을 수밖에 없다. 자칫 객기나 만용을 부리다간 아무것도 못 이룬 채 체포되어 죽고 말 것이다. 예수는 매우 신중하게, 되도록 자신을 드러내지 않으며 천천히 활동을 해 나가려 한다.

'귀신마저 복종한다'며 사람들은 감탄한다. 우리가 사는 시대에도 귀신을 쫓는 무당이나 퇴마사가 있지만, 예수 당시 사람들에게 귀신이라는 개념은 지금과 전혀 달랐다. 그들은 삶과 관련한 거의 모든 부분에 귀신을 관련지었다. 오늘 우리가 과학이나 의학, 혹은 합리적인 사회의식으로 접근하고 해결하는 많은 문제들을 그들은 귀신의 짓으로 생각했다. 그렇기에 우리는 예수의 귀신 쫓기를 오늘날 무당이나 퇴마사의 행위가 아니라 훨씬 더 넓고 근본적인 의미로 이해해야 한다. 귀신이 들렸다는 건 뭔가? 사람이 어떤 다른 정신에 장악되어 자기 스스로 온전하게 생각하고 행동하지 못하는 것이다. 그런데 눈과 입이 돌아가고 미친 말을 해 대는 것만 귀신 들린 게 아니다. 진짜 심각한 귀신 들림은 오히려 겉보기엔 멀쩡해서 귀신 들렸다는 걸 알아차리기 어려운 상태다. 이를테면 오늘 우리는 이른바 '행복과 미래'를 얻기 위해 물질적인 부에 집착하느라 정작 단 한순간도 진정한 행복을 찾지 못한 채 인생을 소모하는, 돈 귀신에 들린 '멀쩡한' 사람들을 헤아릴 수 없이 볼 수 있다.

35 그리고 새벽 몹시 어두울 때에 그분은 일어나 밖으로 나가, 외딴 곳으로 가셔서 거기서 기도하셨다. 36 그러자 시몬과 그의 일행이 그분을 찾아 나섰다. 37 그러다가 그분을 발견하고 그분께 "모두 당신을 찾습니다" 했다.
38 그러자 그분은 그들에게 말씀하셨다. "다른 곳으로, 이 근방 촌읍으로 갑시다. 거기서도 나는 (복음을) 선포해야겠습니다. 사실 나는 이 일을 하러 떠나왔습니다."
39 그리고 그분은 (복음을) 선포하시면서 온 갈릴래아로, 그들의 회당들로 다니시며 귀신들을 쫓아내셨다.

예수는 고단한 하루 일정을 마치고 다들 곯아떨어져 있을 때 혼자 일어나 기도한다. 그리고 다시 피곤한 줄도 모르고 열심히 복음을 선포하러 다닌다. 그는 사명감과 열정에 불타오른다. 그런데 우리가 주의해야 할 것은 예수의 복음 선포는 단지 현대적 의미에서의 '종교적'인 차원이 아니라는 점이다. 예수를 포함한 당시 이스라엘 사람들에게 유대교는 오늘날 우리가 알고 있는 종교, 즉 자유롭게 선택할 수도 갖지 않을 수도 있으며 크든 작든 단지 삶의 일부를 차지할 뿐인 것과는 전혀 다른 것이었다. 그들에게 유대교는 일개 종교가 아니라 유일한 가치관이자 윤리이자 법이자 정치 이념인 '전적인 정신 체계'였다. 그들에게 '유대교'는 없었다. 유대교라는 말은 그들의 외부에서 그들의 고유한 정신 체계를 가리키는 말일 뿐이다.

그래서 종교적인 것으로 보이는 그들의 말과 행동이 실은 매우 사회적인(그리고 정치적이며 문화적인) 것이라는 사실을 기억하지 않으면 우리는 그들의 말과 행동을 제대로 이해할 수 없다. 예수가 말한 하느님의 나라를 종교적 천국으로만, 복음을 선포하는 일을 선교나 전도로만, 기도를 종교적 간구로만 이해하는 건 본의 아니게 그 의미를 축소하고 왜곡하는 일이 되어버리는 것이다. 그러니 예수가 말한 하느님의 나라는 우리의 말로 '새로운 세상'이며 복음을 선포하는 일은 우리의 말로 '세상을 변혁하는 운동'이며 기도는 우리의 말로 '신념을 다지고 성찰하는 시간'이기도 하다는 사실을 기억해야 한다.

40 그리고 나병환자 한 사람이 예수께 와서 [무릎을 꿇고] 간청하며 "선생님은 하고자 하시면 저를 깨끗하게 하실 수 있습니다" 하였다. 41 그러니 예수께서는 측은히 여기시고 당신 손을 펴 그를 만지시며 "내가 하고자 하니 깨끗하게 되시오" 하셨다. 42 그러자 즉시 그에게서 나병이 물러가고 그는 깨끗하게 되었다. 43 그리고 그에게 호통치시며 즉시 그를 쫓아내셨다.[2] 44 그러시며 그에게 말씀하셨다. "어느 누구에게나 아무것도 말하지 않도록 조심하시오. 가서 제관에게 당신을 보이고, 당신이 깨끗해진 것에 대해서 모세가 명한 제물들을 바쳐 그들에게 증거가 되게 하시오." 45 그러나 그는 떠나가서 많이 선포하고 또한 그 일을

---

2 41절부터 43절까지의 이 부분만은 예외적으로 『200주년 신약성서』 개정판이 아니라 초판을 인용했다. 개정판에서는 이 부분의 번역을 "이해하기 쉬운 사본보다 이해하기 어려운 사본을 택한다는 본문비판 원칙에 따라" 다음과 같이 수정했다.

> 41 그러니 그분은 화를 내시며 당신 손을 펴 만지시고 그에게 "원하니 깨끗이 되시오" 하셨다. 42 그러자 즉시 그에게서 나병이 물러가고 그는 깨끗하게 되었다. 43 그리고 그에게 호통치시며 즉시 그를 쫓아내셨다.

하지만 이런 번역은 다른 모든 판본들과도 상이할 뿐 아니라, 맥락상 설득력이 떨어지는 것처럼 보인다.

선전하기 시작했기 때문에 예수께서는 더 이상 드러나게 도시로 들어가실 수 없었고 바깥 외딴 곳에 계셨다. 그래도 사람들은 사방에서 그분께 왔다.

"측은히 여기시고"는 그리스어 '스플랑크니조마이'를 옮긴 것인데 '창자, 내장'을 뜻하는 '스플랑크논'의 동사형이다. 한국어에는 기막히게도 같은 말이 있다. '애끊다'는 말이다. '애'는 바로 '창자, 내장'을 뜻하고, '애끊다'는 말은 '몹시 슬퍼서 창자가 끊어질 듯하다'는 말이다. 고통받는 사람 앞에서 측은한 마음이 드는 건 정상적인 인간성을 가진 사람에게 자연스러운 것이다. 그러나 그렇다고 해서 애끊지는 않는다. 우리가 애끊는 순간은 낯모르는 사람이 아니라 제 아이나 특별히 사랑하는 사람의 고통을 대면할 때다.

그런데 예수는 난생처음 만난 나병환자에게 애끊는다. 바로 이것이 예수라는 사람의 속내이며 행동의 원천이다. 예수의 모든 행동은 '모든 고통받는 사람에 대한 애끊는 마음'에서 시작한다. 그의 분노 역시 애끊는 마음에서 시작된다. 고통받는 사람에 대한 애끊는 마음이 자연스레 그들의 고통을 낳는 사람들과 사회체제에 대한 강렬한 분노로 이어지는 것이다. 우리가 예수를 따르거나 예수에게서

배우는 일 역시 '모든 고통받는 사람에 대한 애끊는 마음'을
갖는 일에서 출발한다.

'스플랑크니조마이'는 「마르코복음」에 세 번 나온다.
"그러니 예수께서는 측은히 여기시고 당신 손을 펴
그를 만지시며 '내가 하고자 하니 깨끗하게 되시오'
하셨다."(1:41) "그래서 그분은 (배에서) 내리면서 큰
군중을 보시고 그들을 불쌍히 여기셨다."(6:34) "군중이
측은합니다. 그들이 벌써 사흘 동안이나 내 곁에 있는데
먹을 것이 없기 때문입니다."(8:2)

우리가 사는 세상에서 병자는 누구보다 도움과 보호를
받아야 할 사람이지 자신의 어떤 행동에 대한 대가를 치르는
사람이 아니다. 그러나 예수 당시 이스라엘 사람들은
병자는 죄가 있어서 하느님의 벌을 받는 사람이라 생각했다.
만성 질병 환자일수록 하느님께 용서받기 어려운 큰 죄를
지은 사람으로 여겨진 건 물론이다. 그런 사고방식 속에서
만성 질병일 뿐 아니라 외관마저 흉하게 일그러지는
'나병'(오늘의 한센병을 포함하여 좀더 넓은 범위의 만성
피부병을 뜻한다) 환자는 공동체에서 완전히 버림받았다.
나병환자는 사람들이 다가오면 "불결! 불결!" 하고 소리
질러야 했으며, 마을에는 들어갈 수도 없었다.

병자는 병으로 인한 고통에 보태어 그보다 훨씬 더 심각한 인간적·사회적 고통을 받아야 했다. '개인'이라는 개념이 없던, 모든 사람이 가족이나 지역 같은 공동체의 일원으로서만 제 존재와 삶의 가치를 확인하던 사회에서 공동체로부터 버림받는다는 건 죽음과 같았다. 요즘도 신유니 안수니 해서 기독교의 테두리 안에서 병을 고치는 행위들이 있지만 예수의 치유와는 차원이 다르다. 예수가 병자를 고치는 일은 단지 병의 고통에서 벗어나게 하는 일이 아니라 그의 잃어버린 인권을 회복시키고 죽음 같던 삶을 회복시키는 일이다. 다른 사람에게는 그리 대단한 일이 아닐 수도 있겠지만 병자 본인에게 병에서 벗어난다는 것은 온 우주가 다시 열리는 벅찬 순간인 것이다.

애끓어 어쩔 줄 모르던 예수는 나병이 나은 사람에게 '제관에게 가서 정해진 절차를 거치라'고 말한다. 나병 환자가 다시 정상적인 사회생활을 하려면 예루살렘 성전의 제관에게 가서 병이 다 나았음을 인정받은 의례를 거치도록 되어 있었다. 예수는 기쁜 얼굴로 그에게 말하는 것이다. '자 이제 누구도 당신을 함부로 대할 수 없습니다. 가슴을 펴고 세상으로 걸어 나가세요. 하느님은 당신 편입니다.'

제 2 장

1 그리고 그분이 며칠 후에 다시 가파르나움으로 들어가시니, 그분이 집에 계시다는 소문이 퍼졌다. 2 그러자 많은 사람이 모여들어 문 앞에도 빈자리가 없게 되었다. 그분은 그들에게 말씀을 설파하셨다. 3 그런데 네 사람이 중풍 병자를 짊어지고 그분께 데려왔다. 4 그러나 군중 때문에 그분께 가까이 데려갈 수 없어서, 그분이 계신 곳의 지붕을 벗기고 구멍을 뚫어, 중풍 병자가 누워 있는 침상을 내려 보냈다. 5 그러자 예수께서는 그들의 믿음을 보시고 중풍 병자에게 말씀하셨다. "아들아, 그대의 죄가 사해졌소." 6 그런데 율사들 몇몇이 거기 앉아 있다가 자기네 마음속으로 (이렇게) 생각했다. 7 "이 사람이 어찌 이렇게 말하는가? (하느님을) 모독하는구나. 하느님 한 분이 아니고서야 누가 죄를 사할 수 있는가?" 8 그런데 그들이 자기네 속으로 이렇게 생각하는 것을 예수께서는 즉시 당신의 영으로 알아채시고 그들에게 말씀하셨다. "왜 여러분의 마음속에 그따위 생각을 품습니까? 9 어느 편이 더 쉽겠습니까? '그대의

죄가 사해졌소'라고 중풍 병자에게 말하는 것이겠습니까?
혹은 '일어나 그대의 침상을 짊어지고 가시오'라고 말하는
것이겠습니까? 10 인자가 땅에서 죄를 사하는 권한을 가지고
있음을 여러분들이 알도록 (하겠습니다)." 그분은 중풍
병자에게 말씀하셨다. 11 "그대에게 말하니, 일어나 그대의
침상을 짊어지고 그대 집으로 가시오." 12 그러자 그는
일어나 즉시 침상을 짊어지고 모든 사람 앞에서 나가니, 모두
넋을 잃고 하느님을 찬양하며 "우리는 일찍이 이런 일을 보지
못했다"고 했다.

이미 인민들은 예수가 있는 곳이라면 구름처럼 모여든다.
그만큼 그들 몸과 마음은 배고프고 목말라 있다. 예수는
그들에게 '하느님 나라'의 소식을 전한다.

사람이 너무 많아 들어오지 못하던 중풍 병자가 지붕을 뚫고
내려온다. 의아하게 느껴질 수 있지만, 당시 팔레스타인
인민들이 살던 집의 지붕이란 몇 개의 서까래를 치고
거기에다 흙과 섞은 짚을 얹은 것이었다. 게다가 마당에서
지붕으로 올라가는 계단이 있었으니 지붕에 구멍을 내고
사람을 내리는 건 어렵지 않은 일이었다. 그렇다 해도 실내는
아수라장이 되었을 것이다. 발 디딜 틈도 없이 들어찬
사람들 머리 위로 흙덩이가 떨어지고 지붕에 구멍이 나더니

난데없이 밧줄에 병자가 매달려 내려오는 것이다. 제자들의
얼굴이 일그러진다. 그러나 예수는 아랑곳없다.

율법학자들 말대로 죄는 오로지 하느님만이 용서할
수 있었다. 그러나 '오로지 하느님만'은 실은 '오로지
성전만'이었다. 앞서 말했듯 이스라엘 사람들은 자신들이
하느님과 계약을 맺은 유일한 백성이라는 선민의식을
가졌다. 로마가 이스라엘인을 지배하는 데 가장 걸림돌이
되는 것도 그 선민의식이었다. 로마가 점령한 모든 나라들은
로마의 힘과 문명에 압도되었지만 유독 이스라엘인들만은
로마를 자신들보다 격이 낮은 이방인들이라고 여겼다.
이스라엘인들은 지배당하고 착취당하는 건 감수해도 제
선민의식을 훼손당하면 목숨을 아끼지 않고 저항했다.
로마는 그런 선민의식을 우회하는 좀더 현명한 지배방법을
필요로 했다.

로마는 성전을 그 매개로 심었다. 솔로몬 왕 시절에 처음
만들어진 성전은 이스라엘 사람들의 선민의식의 상징이었다.
성전 한가운데 지성소는 다름 아닌 '하느님이 사시는
곳'이었으며 1년에 단 한 번 속죄일에 대제관(대제사장)만
그곳에 들어가 하느님을 만날 수 있었다. 어떤 권위도
성전을 넘어설 순 없었다. 로마는 성전의 그런 권위를 직접

건드리지 않는 대신 성전의 우두머리인 대제관의 임명권을 가졌다. 대제관은 유다 최고 의사 결정 기구인 산헤드린의 의장을 겸했다. 로마는 그렇게 선민의식에 젖어 도무지 고분고분하지 않은 이스라엘인들을 좀더 손쉽게 지배하고 착취할 수 있었고, 로마와 결탁한 성전 지배세력은 엄청난 권력과 기득권을 가질 수 있었다. 성전은 단지 성전이 아니라 지배체제의 핵심이었던 것이다.

예수는 성전의 그런 권위를 대놓고 반박하기 시작한다. "인자가 땅에서 죄를 사하는 권한을 가지고 있음"을 보여주겠다는 말은 자신이 성전을 대신하여 하느님의 대행자 권한을 독점하겠다는 말이 아니라 하느님과의 소통에 성전이 필요 없다는 선언이다. 이 선언은 또한 하느님이 어떤 분인가에 대한 거듭된 선언이기도 하다. 하느님은 권위가 가득 찬 왕처럼 근엄한 얼굴로 성전 지성소에 거하며 비천한 인민들과 직접 만나길 거부하는 분이 아니라 늘 인민의 삶 속에 함께하며 그들의 말에 귀 기울이는 분이라는 것이다.

"그대의 죄가 사해졌소"라는 예수의 말에 불만을 갖는 율법학자들에게 예수는 말한다. "어느 편이 더 쉽겠습니까? '그대의 죄가 사해졌소'라고 중풍병자에게 말하는 것이겠습니까? 혹은 '일어나 그대의 침상을 짊어지고

가시오'라고 말하는 것이겠습니까?" 그러고는 중풍 병자에게
말한다. "그대에게 말하니, 일어나 그대의 침상을 짊어지고
그대 집으로 가시오." 그러자 중풍 병자는 진짜로 일어나
침상을 들고 걸어간다. 둘 중 어느 편이 쉽겠냐고 물은
예수는 참으로 짓궂게도 둘 다 해버린 것이다. 율법학자들은
민망함에 어쩔 줄 모르고 인민들은 찬탄을 금하지 못한다.

13 그리고 그분은 다시 호숫가로 나가셨다. 그러자 군중이
모두 그분께 왔고 그분은 그들을 가르치셨다. 14 그리고
지나시다가 알패오의 (아들) 레위가 세관에 앉아 있는 것을
보시고 그에게 "나를 따르시오" 하셨다. 그러자 그는 일어나
그분을 따랐다. 15 그리고 그분은 그의 집에서 식사하시게
되었다. 그런데 많은 세관원들과 죄인들이 예수와 그
제자들과 함께 자리잡았다. 그들은 (수가) 많았으며,
그분을 따라왔던 것이다. 16 그런데 바리사이파 율사들은
그분이 죄인들과 세관원들과 함께 식사하시는 것을 보고
그 제자들에게 "저 사람이 세관원들과 죄인들과 어울려
먹다니?" 했다. 17 예수께서는 (이 말을) 들으시고 그들에게
말씀하셨다. "의사는 건장한 사람들에게 필요한 것이 아니라
앓는 사람들에게 필요합니다. 나는 의인들을 부르러 온 것이
아니라 죄인들을 부르러 왔습니다."

예수가 세리(세관원)를 제자로 삼은 건 파격적인 사건이다.
그들은 하느님과 이스라엘을 배신한 죄인이었기 때문이다.
'하느님과 유일하게 계약을 맺은' 이스라엘 사람들은 로마
황제에게 세금을 내는 걸 더할 수 없는 모욕으로 여겼다.
게다가 세금은 관리가 직접 징수하는 게 아니라 입찰을 통해
민간인 징수 대행업자에게 맡겼다. 징수 대행업자는 입찰
시 적어낸 금액을 선납한 다음 세금을 징수했다. 세금을
얼마나 많이 거두어들이는가에 따라 징수 대행업자의
수입이 결정되었으므로 징수업자는 수단 방법을 가리지
않고 세금을 거두어들였다. 내는 것 자체가 모욕인 세금이
징수 과정의 공정함마저 없었으니 인민들의 반감은 더욱
클 수밖에 없었다. 세리는 그 징수 대행업자 밑에서 일하는
말단 징수인이다. 그러나 그들은 가장 앞에서 인민들과
접촉했으므로 로마에 대한 적대감을 한 몸에 안아야 했다.
예수가 레위를 제자로 고른 건 그가 제자로 삼을 만했기
때문일 것이다. 그러나 그렇다 하더라도 굳이 공개적인
자리에서 세리를 제자로 부를 필요는 없다. 그런 행동은
예수를 반대하는 사람들에게 공격할 빌미를 제공하는 일이며
예수를 지지하는 사람들을 곤란하게 만들고 결국 예수의
활동에 좋지 않은 영향을 줄 수 있기 때문이다. 그러나
예수는 보란 듯이 그렇게 한다.

예수의 행동엔 메시지가 담겨 있다. 세리는 대단한 세속적 야망이나 기득권을 구하기 위해 로마의 앞잡이 노릇을 하는 사람이 아니라 그저 먹고살기 위해 그 짓을 하는 사람이다. 만일 다른 품위 있는 일을 해서 비슷한 벌이를 할 수 있다면 세리 노릇을 지속할 사람은 아무도 없었다. 그러나 그들은 정작 비난받아야 할 그들의 배후보다 더 심한 비난과 경멸을 받아야 했다. 경건한 사람들에게서 죄인 취급 받는 사람들조차 그들을 경멸했다. 예수는 대놓고 세리를 제자로 삼음으로써 그 위선과 허위를 까발리고 환기한다.

오늘날 '바리사이인'은 기독교나 성서를 잘 모르는 사람에게서조차 '위선의 상징'으로 여겨진다. 그러나 바리사이파, 즉 바리사이인들은 그런 사람들이 아니었다. 그들은 오히려 이스라엘 사회를 통틀어 가장 양식 있는 사람들이었다. 이스라엘 사회는 오랜 외세 침략으로 그 정체성이 흔들리고 있었다. 헬라 문화의 유행은 상류층에 만연해서 예루살렘 성전이 헬라식 운동경기 구경을 위해 제의 시간을 바꿀 정도였다. 성전 지배세력이자 귀족계급인 사두가이파는 로마와 야합하면서 온갖 영화를 누렸다. 대제관의 임명권도 이미 로마가 갖고 있었다.

바리사이인들은 이스라엘의 역사와 전통이 완전히

결딴나려는 그런 상황 속에서 분연히 일어난 사람들이다.
'바리사이'라는 말은 '분리하다'라는 뜻이다. 말하자면
그들은 이스라엘의 정체성을 파괴하는 모든 이방 문화로부터
이스라엘을 분리시켜 그 정체성을 회복하려는 사람들이었다.
바리사이인들은 사두가이인들이 장악한 예루살렘 성전이
아닌 지역의 회당을 중심으로 활동했다. 인민들은 로마와
야합하고 타락한 사두가이인들을 존경하지 않았지만
바리사이인들은 존경했다. 바리사이인들은 오늘 윤리적이며
정의감에 넘치는 시민운동가들과 같은 사람들이었던 것이다.

바리사이인들이 위기에 빠진 이스라엘 사회를 지키기 위해
선택한 방법은 하느님이 주신 율법, 즉 토라를 철저하게
지키는 것이었다. 바리사이인들은 토라를 분석해서
일상생활의 모든 세세한 부분에까지 적용할 수 있도록
정리했다. 바리사이인들의 율법주의는 그 자체론 나무랄
데가 없었다. 하느님의 백성이 하느님의 명령을 지키는 것은
당연한 의무요 자부인 것이다. 그러나 대다수 인민들에게
율법주의는 재앙이었다. 그 세세한 율법을 다 지키다가는
굶어 죽기 십상이었던 것이다. 훌륭한 바리사이인들 덕에
인민들은 '죄 없는 죄인'이 되었다. 그리고 인민들은 그런
현실을 체념했다. 그들 역시 '율법을 지켜야만 제대로 된
사람'이라는 생각에 깊이 사로잡혀 있었기 때문이다.

예수는 바로 그 '죄의식의 체제'에 주목한다. 예수는 그 체제를 깨뜨리기 위해 기존의 생각을 뒤집는다. "의사는 건강한 사람들에게 필요한 것이 아니라 앓는 사람들에게 필요합니다. 나는 의인들을 부르러 온 것이 아니라 죄인들을 부르러 왔습니다." 예수는 오로지 율법을 잘 지키는 의로운 사람들에게만 하느님의 사랑이 닿는다고 생각하던 당시 사람들의 생각을 뒤집는다. 예수는 하느님의 관심이 율법을 잘 지키는 경건한 사람들이 아니라 오히려 먹고살기 위해선 율법을 지킬 수 없는 죄인들에게 있음을 선포한다. 그들이 하느님 나라의 주인공이고 기존의 모든 가치들은 그들을 중심으로 재정리되어야 한다.

그렇다면 오늘 우리가 사는 세상에서 '죄인'은 누구인가? 사랑과 존경마저 돈으로 사고 팔리는 이 완전한 물신의 세상에서 '율법'은 무엇인가? 그것은 바로 '경제적 경쟁력'이다. 경제적 경쟁력을 갖지 못한 사람은 곧 죄인이다. 그들은 2,000년 전 팔레스타인의 죄인들과 마찬가지로 인간으로서 품위와 존경을 유지할 수 없으며 인생과 미래에 대한 꿈도 가질 수 없다. 2,000년 전 죄인들이 '율법을 지켜야만 제대로 된 사람'이라는 생각에 사로잡혔듯, 그들 또한 '경쟁력이 있어야 제대로 된 사람'이라는 생각에 사로잡혀 그런 현실에 체념한다. 예수가 그랬듯, 우리는 그

'죄의식의 체제'에 주목해야 한다.

사람은 아무하고나 밥을 먹지 않는다. 식사 약속엔 엄격한 사회적 맥락이 들어 있다. 식사에 초대하는 건 그 사람을 내 사회적 관계와 질서 속에 들이는 일이다. 이를테면 한 아버지가 마땅치 않아하던 아들의 여자 친구를 식사에 초대했다면 그건 단지 함께 끼니를 해결하자는 게 아니라 둘의 교제를 허락한다는 의미가 된다. 하물며 고대사회, 특히 이스라엘 사회에서 식탁 교제는 생활에서 가장 중요한 의식에 속했다. 누구와 먹는가, 어느 자리에 앉는가 따위는 곧 그 사람의 신분과 명예를 표현했다. 그래서 점잖은 사람들은 절대 죄인들과 식사하지 않았다. 그들과 식사하는 건 자신을 더럽혀 하느님께 죄를 짓는 일이었다.

그러나 예수는 세리나 죄인들과 기꺼이, 아니 보란 듯이 어울려 식사를 했다. 고상하고 훌륭한 사람들이 식탁에 둘러앉아 이스라엘 민족의 현실과 미래에 대해 담소할 때 예수는 죄인들과 어울려 유쾌하고 떠들썩한 식사를 했다. 예수는 식탁 교제의 법칙을 해체함으로써 하느님이 어떤 분인지 다시 한 번 선언한다. '하느님은 고상하고 훌륭하다 칭송받는 사람들만 가까이하는 분이 아니라, 오히려 천대받고 멸시당하는 사람들과 함께 먹고 마시는 분이다. 하느님은

자신의 명령이라 주장되는 율법에 의해 삶이 옥죄어진
사람들 때문에 가슴 아파하는 분이다.'

양식 있는 사람들에게 예수의 식탁은 차마 눈 뜨고 볼 수
없을 만큼 천박했다. 그러나 그들에게서 죄인 취급을 받는
사람들은 예수의 식탁에서 비로소 인권을 가진 한 인간이
되었다. 예수의 식탁에서 기존의 가치관과 위계는 모조리
전복되었다. 말하자면 예수의 식탁은 '선취된' 하느님 나라의
풍경이었다.

18 그런데 요한의 제자들과 바리사이들은 단식하곤
했다. 그래서 사람들이 와서 그분께 "요한의 제자들과
바리사이들의 제자들은 단식하는데, 왜 당신 제자들은
단식하지 않습니까?" 했다. 19 그러자 예수께서는 그들에게
말씀하셨다. "혼인잔치 손님들이, 신랑이 자기들과 함께
있는 동안 단식할 수 있습니까? 자기네 가운데 신랑을
모시고 있는 동안에는 그들이 단식할 수 없습니다. 20 그러나
그들이 신랑을 빼앗길 날들이 올 것입니다. 그러면 그때
그날에는 그들이 단식할 것입니다. 21 아무도 생베조각을
헌옷에 대서 깁지 않습니다. 그렇게 하면 헌옷에 기워댄 새
헝겊이 옷을 당겨 그 옷은 더 형편없이 찢어집니다.
22 그리고 아무도 새 포도주를 헌 가죽부대에 넣지 않습니다.

그렇게 하면 포도주가 그 가죽부대를 터뜨려 포도주도
가죽부대도 못 쓰게 됩니다. 그러므로 새 포도주는 새
가죽부대에 넣는 법입니다."

경건한 사람들은 정기적으로 단식했다. 바리사이인들은
1주일에 두 번, 월요일과 목요일에 단식하며 기도했다.
금욕적이며 지사적이었던 세례자 요한과 그 제자들이 자주
단식하는 건 당연했다. 그러나 예수와 그 제자들은 단식하지
않았다. 예수는 단식은커녕 "먹보요 술꾼이며 세관원들과
죄인들의 친구"(마태 11:19, 루가 7:34)라 불릴 만큼 세속적인
모습을 보였다. 명색이 '선생님' 소리를 듣는 사람으로선
상상하기 어려운 모습이었다. '왜 단식하지 않느냐'는 말은
'대체 왜 그리 점잖지 못하느냐'는 힐난이기도 하다. 그러나
예수는 새로운 질서를 선언한다. '지금까지 우리는 하느님을
오해했습니다. 하느님은 화난 얼굴로 우리를 심판하려고
벼르는 분이 아닙니다. 하느님은 잔치를 벌여 놓고 웃는
얼굴로 우리를 기다리는 분입니다. 왜 우리가 굳은 얼굴로
단식을 해야 합니까? 기쁜 얼굴로 잔치에 참여합시다.
고단한 이웃들과 어울려 먹고 마시며 위로와 사랑을 나누는
일이야말로 하느님의 나라의 모습입니다.'

예수는 특이하게도 바느질, 술 담그기 등 여성이 전담한

노동의 매우 구체적인 사례를 통해 자신의 이야기를 전한다.
여성 노동을 부각함으로써 그리고 남성보다 여성이 훨씬
더 잘 알아들을 수 있는 비유를 사용함으로써 자신이 어떤
사람들에게 집중하는가를 좀더 분명히 드러낸다. 예수는
줄곧 가장 고통스러운 삶을 살아가는 사람들, 사람대접
못 받는 사람들에게 집중하는 모습을 보여 왔다. 예수는
그 가운데에서도 여성들에게 더 많은 관심을 드러낸다.
여성들은 토라를 공부하는 게 금지되어 있었으며 토라를
모르는 그들은 온전한 인격체로 여겨지지 않았다. 결국 가장
고통스럽게 살아가는 사람들은 하층계급으로서의 억압과
여성으로서의 억압이라는 이중적 억압에 사로잡힌 하층계급
여성들이었다. 예수는 그들에게 각별한 관심을 갖는다.
단지 그들을 동정하는 게 아니라 그들이 하느님 나라의
주인공임을 일깨운다.

23 그리고 그분이 안식일에 밀밭 사이를 지나가시게 되었다.
그런데 그분 제자들이 길을 가면서 밀 이삭을 뜯기 시작했디.
24 그러니 바리사이들이 그분께 "보시오. 어찌 이 사람들이
안식일에 해서는 안 되는 일을 합니까?" 했다. 25 그러자
그분은 그들에게 말씀하셨다. "다윗과 그 일행이 궁핍하고
굶주렸을 때에 다윗이 어떻게 했는지 당신들은 읽어 본 적이
없습니까? 26 어떻게 그가 에비아달 대제관 때에 하느님의

집에 들어가서, 제관들이 아니면 먹어서는 안 되는 제단 빵을 먹고 또한 자기와 함께 있는 이들에게도 주었습니까?"
27 그리고 그분은 그들에게 말씀하셨다. "안식일이 사람을 위해서 생겼지 사람이 안식일을 위해서 생기지 않았습니다.
28 아울러 인자는 또한 안식일의 주인입니다."

다윗과 그 일행 이야기는 사울에게 쫓겨 다니다 몹시 굶주린 다윗이 아히멜렉 제관에게 가서 하느님께 올릴 빵을 얻어먹은 이야기다.(사무엘 21:1~6) 제관들은 안식일마다 새 빵을 하느님께 드리고 묵은 빵은 자기들끼리 먹었는데 아히멜렉 제관은 굶주린 다윗에게 법규를 무시하고 그 빵을 주었다. "에비아달"은 "아히멜렉"을 잘못 적은 것이다.

바리사이인들은 율법을 세분화하여 613개의 세부 조항을 만들었는데 그 가운데 365개가 '금지 조항'이었다. 안식일에 관한 조항만 39개나 되었다. 안식일엔 노동을 하거나 농사를 짓는 건 물론 여행을 하거나 짐을 운반할 수도 없었다. 안식일에 적의 공격을 받으면 저항하지 않고 죽어 가야 했다. 안식일엔 심지어 의료 행위도 할 수 없었다. 39개의 조항엔 다시 수백 가지의 사례집이 달렸다. 이를테면 사람이 안식일에 무너진 담벼락에 깔렸을 경우에 대해 이런 답이 전해진다. "그 사람이 죽었는지 살았는지를 알아볼 만큼만 무너진 담을 헤쳐 본다. 그 사람이 살아 있다면 구할 수 있으나 죽었다면 안식일이 지난 다음 시체를 꺼낼 수 있다."

그러나 안식일安息日의 본디 의미는 '일을 금지하는 날'이 아니라 말 그대로 '편히 쉬는 날'이다. 하느님이 엿새 동안 세상을 만들고 하루 쉬었으니 너희도 쉬라는 명령이다. 그런데 '쉬는 날'이란 굳이 쉬는 날이 정해지지 않아도 언제든 충분히 쉴 수 있는 사람에겐 큰 의미가 없다. 쉬는 날은 그것이 정해져 있지 않다면 제대로 쉴 수 없는 사람들에게 의미가 있는 것이다. "엿새 동안 힘써 네 모든 생업에 종사하고 이렛날은 너희 하느님 야훼 앞에서 쉬어라. 그날 너희는 어떤 생업에도 종사하지 못한다. 너희와 너희 아들딸, 남종·여종뿐 아니라 소와 나귀와 그 밖의 모든 가축과 집안에 머무는 식객이라도 일을 하지 못한다. 그래야 네 남종과 여종도 너처럼 쉴 것이 아니냐?"(신명 5:13~15) 그런데 바리사이인들은 안식일에도 일하지 않으면 굶을 수밖에 없는 사람들에게 그들의 삶의 조건은 아랑곳하지 않은 채 안식일을 어기니 죄인이라 말했다. 안식일은 '쉴 수 없는 사람을 죄인으로 만드는 날'이 되어 버린 것이다.

예수의 제자들이 안식일에 밀밭을 지나면서 밀 이삭을 뗀 것은 율법적으로 추수 금지, 타작 금지, 키질 금지, 음식

장만 금지의 네 가지 조항을 한꺼번에 어기는 행동이었다. 예수 일행이 율법 조항을 몰라서 그런 행동을 했다고 보긴 어렵다. 그들의 행동은 그 자체로 경건한 사람들을 엿 먹이는 시위였다. 불한당 같은, 그러나 매우 빠른 속도로 인민들의 호감을 얻어 가는 예수에게서 뭔가 꼬투리 잡을 기회를 노리던 바리사이인들과 율법학자들이 예수에게 왜 안식일을 지키지 않느냐 따졌다. 예수는 그들에게 정면으로 반박한다. "안식일이 사람을 위해서 생겼지 사람이 안식일을 위해서 생기지 않았습니다." 물론 그것은 안식일 논쟁을 넘어 율법 체제에 대한 전면적인 반박이다. 예수는 말하는 것이다. '하느님이 사람을 괴롭히고 옥죄기 위해 율법을 준 게 아니라 사람을 더 사람답게 행복하게 살게 하기 위해 율법을 준 것이다. 사람을 괴롭히고 옥죄는 율법은 더 이상 하느님의 율법이 아니다.'

예나 지금이나 사회 비판이란 지배체제가 허용하는 범위 안에서만 안전하다. 체제의 문제점을 비판하며 개선을 요구하는 것은 체제가 얼마간 수용할 수 있다. 사실 그런 수용은 체제 유지를 위해 유익하다. 체제가 좀더 근본적인 저항이나 위기를 맞는 상황을 미연에 막아 주기 때문이다. 그러나 아예 체제 자체를 부인해 버리거나 적대한다면 이야기가 달라진다. 체제는 개혁은 수용할 수 있어도 변혁은 수용할 수 없는 것이다. 예수는 유대교 체제의 문제점을 비판하며 개선을 요구하는 게 아니라 완전히 뒤집어 다시 세우려 한다. 예수는 사회에서 배제되고 나아가 제거될 위험 속으로 발을 디딘다.

제 3 장

1 그리고 그분은 다시 회당에 들어가셨다. 그런데 거기에 한쪽 손이 오그라든 사람이 있었다. 2 사람들은 그분을 고발하려고 안식일에 그를 고쳐 주실 것인지 그분을 지켜보고 있었다. 3 그러자 그분은 손이 오그라든 사람에게 "일어나 가운데 (서시오)" 하셨다. 4 그리고 그들에게 말씀하셨다. "안식일에 착한 일을 하라고 했습니까, 악한 일을 하라고 했습니까? 목숨을 구하라고 했습니까, 죽이라고 했습니까?" 그러나 그들은 입을 다물었다. 5 그러자 노기를 띠고 그들을 둘러보시며 그들 마음의 완고함을 슬퍼하시면서 그 사람에게 "손을 펴시오" 하셨다. 그가 (손을) 펴자 그 손이 성하게 되었다. 6 그러자 바리사이들이 나가서 즉시 헤로데의 사람들과 만나 그분을 거스르는 결의를 하여 그분을 없애기로 했다.

바리사이인들이 율법을 철저히 지킬 수 있었던 가장 큰 비결은 그들이 율법을 철저히 지키고 일주일에 두 번

금식까지 하면서도 먹고사는 데 큰 문제가 없었기 때문이다.
하느님을 섬기는 마음이나 품위 있게 살고 싶은 욕구는
바리사이인들보다 적지 않았지만 먹고사느라고 율법을
제대로 지킬 수 없는 사람들은 바리사이인들 앞에서
죄의식과 열등감에 젖어야 했다. 바리사이인들은 인민들의
그런 죄의식과 열등감을 기반으로 여느 인민들에게서
자신들을 '분리'하여 품위를 유지했다. 예수는 그 공공연한,
그러나 아직 단 한 번도 문제시되지 않은 억압의 체제에
분노한다.

사람이라면 누구나, 아무리 천하고 막돼 먹어 보이는
사람일지라도 품위 있게 살고 싶은 욕구를 가지고 있다.
그러나 하루에도 몇 번씩 악다구니를 쓰지 않으면 생존할 수
없는 사람이 어떻게 품위를 유지할 수 있는가. 반대로
1년 내내 얼굴 한번 찌푸리지 않고도 충분히 안락하게 살 수
있는 사람이 굳이 다른 사람들 앞에서 품위를 잃을 행동을
할 이유가 있겠는가. 사람은 품위 있는 사람과 품위 없는
사람으로 나뉘는 게 아니라 품위를 유지할 수 있는 사람과
유지할 수 없는 사람으로 나뉘는 것이다.

끊임없이 소요와 봉기가 일어나는 갈릴래아를 통치하는
헤로데 안티파스는 수많은 부하들을 곳곳에 심어 놓고

인민들의 동향을 감시했다. 이스라엘의 정체성을 지키고 독립을 꿈꾸는 바리사이인들과 로마의 괴뢰 왕 헤로데는 물론 불화하는 관계였다. 그러나 바리사이인들은 헤로데 일파와 함께 예수를 죽일 방법을 의논한다. 불화하는 두 집단의 공동의 적으로 지목된다는 것이야말로 예수가 서 있는 독특한 지점을 말해 준다.

7 그리고 예수께서는 당신 제자들과 함께 호수로 물러가셨다. 그러자 갈릴래아로부터 큰 무리가 따랐다. 8 또한 유다와 예루살렘과 이두매아, 요르단 강 건너편, 그리고 띠로와 시돈 근처에서도 큰 무리가 그분이 하신 모든 일을 전해 듣고 그분께 왔다. 9 그러자 군중이 당신을 밀어붙일까봐 당신을 위해 작은 배 한 척을 마련하라고 당신 제자들에게 말씀하셨다. 10 사실 그분이 많은 이들을 낫게 하셨으므로 병고에 시달리는 이들은 누구나 그분을 만지려고 그분에게 밀려들었던 것이다. 11 또한 더러운 영들은 그분을 보자 그분 앞에 엎드려 "당신은 하느님의 아드님이십니다" 하고 소리 질렀다. 12 그러자 그분은 당신을 밝히지 말라고 그들을 몹시 꾸짖으셨다.

예수는 마지막 며칠을 제외한 공생애 기간 내내 갈릴래아 시골 마을로만 돈다. 예수의 고향인 나자렛에서 고작

6킬로미터 떨어진 세포리스는 원형경기장까지 있는 번성한 그리스식 도시였지만 예수가 그곳에서 활동한 흔적은 없다. 예수의 활동 방식은 사회운동의 일반적인 속성을 거스른다. 모름지기 운동이란 그 이념이나 목적을 막론하고 더 많은 사회적 영향력을 갖기 위해 되도록 크고 번성한 지역으로 활동 영역을 넓혀 가려는 속성이 있다. 그러나 예수의 독특한 활동 방식은 이른바 사회운동의 성장에 대한 우리의 생각에 깨우침을 준다.

운동이란 기존의 사회체제를 변화시키는 것이지만, 운동이 갖는 숙명적인 모순은 운동에 참여하는 사람들 또한 기존의 사회체제와 그 사고방식에 이미 깊이 물들어 있다는 점이다. 그래서 운동하는 사람들도 운동의 외형적 성장, 즉 참여하는 사람들이 많아지고 세상에 널리 알려지며 조직이 커지는 것을 운동의 성장과 등치시키는 경향이 있다. 물론 운동이 사회적 영향력을 가지려면 그런 외형적 성장도 무시할 수는 없겠지만 운동의 외형적 성장은 두 가지 위험을 수반한다. 하나는 외형적 성장과 운동의 정체성의 훼손이 비례하는 경향이다. 또 하나는 운동의 외형적 성장은 기존의 사회체제에 포섭되어 가는 과정이기도 하다는 점이다. 그래서 결국 운동의 껍데기는 커졌지만 정작 운동의 알맹이는 어느새 사라져 버린, 비대한 운동 조직이 사회에는 별 영향을 끼치지 못하고 운동 조직 스스로를 위해서만 존재하는 모습을 많이 볼 수 있다.

예수는 우리에게 운동의 진정한 성장이 무엇인가를 보여준다. 예수는 애당초 운동의 외형적 성장엔 아무런 관심이 없다. 예수는 오로지 제 운동, 즉 '하느님 나라 운동'의 본디 목적과 내용에만 집중한다. 예수는 시종일관 하느님 나라의 주인공, 즉 고통받는 인민들을 찾아다니며 하느님의 위로와 초대를 전하는 일에만 집중한다. 예수가 갈릴래아 시골 마을로만 돈 것은 무엇보다 그들이 그곳에 많이 살았기 때문이다. 그러나 예수의 흐트러짐 없는 활동은 결국 그 공간적 제약을 뛰어넘어 팔레스타인 전역, 예루살렘을 비롯한 유다 지역뿐 아니라 요르단 강 건너편 이방 지역에서까지 사람들에게 울림을 준다.

지금 여기에서 고통받는 사람과 죄인들이 하느님 나라의 주인공이라는 예수의 말은 혁명에 대한 우리의 편협한 이해에 의해 자칫 오해될 수가 있다. 예수의 말은 고통받는 사람과 죄인들이 지배계급이 누리던 부와 권력을 빼앗아 새로운 지배계급이 된다는 말이 아니다. 예수가 말하는 하느님 나라는 모든 인간이 하느님의 형상대로 만들어진 그 본래 모습을 회복하는 세상이다. 지배와 피지배가 없는, 모든 사람이 차별 없이 서로를 존중하는, 이기심이 아니라 우애에 의해 운영되는 세상이다. 그것은 당연히 다른 사람의 수고와 고통 덕에 안락을 누리는 사람들이 아니라, 지금 여기에서 인간으로서 최소한의 품위를 가질 수 없는 사람들이 인권을 회복하는 일을 기초로 할 수밖에 없다. 그들의 회복이 세상의 회복이며, 그들이 하느님 나라를 향한 도정에서 주인공인 것이다.

더러운 악령들이 "당신은 하느님의 아드님이십니다"라고 소리 질렀다는 이야기는 우리에게 예수의 정체성에 대한 '시점상의 혼란'을 줄 수 있다. 「마르코복음」은 AD 70년경, 기독교의 교리나 신학의 기초가 만들어진 후 쓰였다. 「마르코복음」은 이미 예수를 '하느님의 아들'로 보는 시각에서 쓰인 것이다. 그러나 예수가 활동했던 당시에 예수는 전혀 그런 사람으로 여겨지지 않았다. 예수는 기껏해야 랍비 혹은 세례자 요한의 뒤를 잇는 예언자로 여겨졌을 뿐이다. 예수를 하느님의 아들로 전제하고 복음서를 읽는 건 예수의 절절한 삶을, 다시 말해서 복음서를 읽는 이유나 가치를 내팽개치는 일이다. 복음서는 '한 평범한 시골 청년이 어떻게 하느님의 아들로 여겨지게 되었는가'를 증언한 책이지 '하느님 아들의 인간 흉내 쇼'를 적은 책이 아니다.

아주 오랫동안 기독교 교회는 그 '시점상의 혼란'을 방기하거나 오히려 부추겨 왔고 지금도 여전히 그렇다. 신도들이 복음서를 읽으며 의문이나 토론 과정을 거쳐 예수에 대해 이해해 가는 쪽보다는 무작정 '예수는 하느님의 아들'이라고 믿게 하는 쪽이 신도들의 교회에 대한 복종심을 관리하기에 훨씬 유리하기 때문이다.

13 그리고 그분은 산에 올라가 당신이 원하신 이들을 부르셨다. 그러자 그들은 그분께 나아갔다. 14 그리하여 열둘을 정하시고 [또한 그들을 사도라고 이름 지으셨으니] 그들이 당신과 함께 있기 위함이었다. 또한 그들을 파견하기 위함이었으니 곧 (복음을) 선포하게 하며 15 귀신들을 내쫓는 권한을 갖게 하려는 것이었다. 16 [그리하여 열둘을 정하셨다.] 시몬에게는 베드로라는 이름을 덧붙여 주셨다. 17 그리고 제베대오의 아들 야고보와 야고보의 동기 요한인데, 그들에게는 보아네르게스라는 이름을 덧붙여 주셨으니, 천둥의 아들들이라는 뜻이다. 18 그리고 안드레아, 필립보, 바르톨로메오, 마태오, 토마, 알패오의 (아들) 야고보, 타대오, 열혈당원 시몬, 19 그리고 당신을 넘겨준 유다 이스가리옷이었다.

여기에 적힌 열두 명의 제자 이름은 「마태오복음」이나

「루가복음」의 열두 제자 이름과 일치하지 않는다. 그리고 여러 정황으로 볼 때 예수의 제자는 열둘은 넘었을 것으로 보인다. '열둘'은 예수 제자의 실제 수를 표현하는 말이 아니라 이스라엘의 열두 지파(야고보의 아들 열과 손자 둘의 후손)를 상징하는 숫자다. 구약성서에 적힌 대로, 이스라엘 사람들은 이스라엘이 열두 지파로 이루어진 나라라고 믿었다. 예수가 열두 제자를 뽑아 임무와 권한을 주었다는 말은 예수가 온 이스라엘을 대상으로 하는 조직적이고 본격적인 하느님 나라 운동을 벌이기 시작한다는 뜻이다.

"열혈당원"은 로마에 대해 무장 항쟁을 벌이던 '젤롯당'의 일원을 말한다. 그들은 나중에 벌어진 유다전쟁의 주역이기도 하다.(5:1~20 강독 부분) 아직 전쟁을 일으킬 만큼의 규모는 아니었지만 예수의 제자 가운데 젤롯당원이 있었다는 사실, 말하자면 예수가 젤롯당원을 제자로 받아들였다는 사실은 매우 의미심장하다. 물론 그것만 갖고 예수와 그의 운동이 폭력적 노선을 걸었다고 주장할 순 없지만, 예수와 그의 하느님 나라 운동이 적어도 많은 사람들이 생각하듯 한없이 유순하기만 한 건 아니었음을 알 수 있다.

사실 그런 오해들은 '평화'에 대한 오해와 관련되어 있다.

평화란 많은 사람들이 생각하듯 어떤 무작정하게 조용하고 온순한 상태가 아니다. 평화란 '온 세상이 잃어버린 조화를 회복하는 것'이다. 억압과 착취와 불평등이 존재하는 사회에서 유지되는 조용하고 온순한 상태는 평화가 아니라 오히려 가장 악랄한 형태의 폭력이다. 평화는 바로 그 억압과 착취와 불평등이 사라지고 모든 사람이 인간적인 조화를 회복하는 것이다. 그래서 때론 평화를 위한 노력이야말로 때론 가장 소란스럽고 가장 사나울 수 있다. "열혈당원 시몬"은 예수와 하느님 나라 운동에 '당연히' 그런 소란스러움과 사나움이 포함되어 있음을 드러낸다.

20 그리고 그분은 집으로 가셨다. 그러자 군중이 다시 모여 와서 그분 일행은 빵을 먹을 수도 없을 지경이었다. 21 그런데 그분의 친척들이 듣고서 그분을 붙잡으러 나섰다. 그들은 그분이 정신 나갔다고 말했던 것이다. 22 그리고 예루살렘에서 내려온 율사들은 말하기를 "그는 베엘제불에 사로잡혀 있다"고 했고, 또한 "그는 귀신 두목의 힘을 빌려 귀신들을 쫓아낸다"고도 했다. 23 그러자 그분은 그들을 불러 비유로 그들에게 말씀하셨다. "어떻게 사탄이 사탄을 쫓아낼 수 있습니까? 24 나라가 서로 갈라지면 그 나라는 지탱할 수 없습니다. 25 또 집안이 서로 갈라지면 그 집안은 지탱할 수 없습니다. 26 이와 같이 사탄도 서로 들고일어나서

갈라지면 지탱할 수 없고 끝장이 납니다. 27 실상 먼저 힘센 사람을 묶어 놓지 않고서는 아무도 힘센 사람의 집에 들어가서 그의 세간들을 털 수 없습니다. 묶어 놓아야 그의 집을 털게 될 것입니다. 28 진실히 나는 여러분에게 말합니다. 사람의 아들들은 죄뿐 아니라 독성도, 어떤 독성의 말이라도 모두 용서받을 것입니다. 29 그러나 성령에 대해서 독성의 말을 하는 사람은 영원히 용서받지 못하고 영원한 죄를 면치 못할 것입니다." 30 "그는 더러운 영에 사로잡혀 있다"고 그들이 말했기 때문이다. 31 그리고 그분의 어머니와 그분의 형제들이 왔다. 그런데 밖에 서서 그분을 부르러 누군가를 그분에게 보냈다. 32 그리고 그분 주위에 군중이 앉아 있었는데 그들이 그분께 "보시오, 당신의 어머니와 당신 형제들[과 당신 자매들]이 밖에서 찾습니다" 했다. 33 그러자 그분은 답변하여 "누가 내 어머니며 내 형제들입니까?" 하고 그들에게 말씀하셨다. 34 그러고서는 당신 주위에 둥글게 앉아 있는 이들을 둘러보시면서 말씀하셨다. "보시오, 내 어머니와 내 형제들을! 35 하느님의 뜻을 행하는 그런 사람이 내 형제요, 사매요, 어머니입니다."

율법학자들의 비난에 예수는 매우 민감하게, 그들을 불러서까지 대응한다. 예수는 매우 중요한, 한 치의 타협 없이 분명히 해 두어야 할 이야기를 하려는 것이다. 예수는

'신성모독을 해도 용서받을 수 있지만 성령을 모독하면 용서받을 수 없다'고 말한다. 예수는 결국 하느님에 대한 신앙이란 무엇인가에 대해 말하고 있다. 신앙은 '하느님을 대상으로 하는 인간의 종교 행위'가 아니라 성령의 활동, 즉 '하느님이 진행하는 역사에 인간이 참여하는 행위'인 것이다. 다시 말해서 신앙은 인간이 만든 종교체제와 교리의 테두리 안에서의 성실과 충성이 아니라, 지금 여기 현실 속에서 하느님이 벌이고 있는 역사, 즉 하느님 나라 운동에의 참여인 것이다.

교회와 교리의 테두리 안에 있지 않아도, 심지어 교회와 교리에 부정적인 견해를 가진다 해도 하느님 나라 운동에 참여하고 있다면 진정한 신앙을 가진 사람이지만, 교회와 교리의 테두리 안에서 제아무리 성실하고 충성스럽다 해도 하느님 나라 운동에 참여하고 있지 않다면 진정한 신앙을 가진 사람이 아니다. 교회에 다니지 않는 혹은 다른 종교를 가진 어떤 사람이 열심히 교회에 다니는 그 어떤 사람보다 하느님 보시기에 참신앙을 가진 사람일 수 있으며, 기독교가 전래되기 전에 죽어 하느님이 뭔지 예수가 누구인지조차 모르는 제3세계의 수많은 인민들 가운데에도 하느님 보시기에 참신앙을 가진 사람이 허다한 것이다.

보수 교회에선 이런 사실을 엄격하게 부인하는 것을 마치 하느님을 타협 없이 섬기는 일인 것처럼 말하지만, 그런 태도는 실은 하느님을 자신들의 교회 체제에 가두어 놓으려는 말도 안 되는 수작일 뿐이다. 우리가 한낱 인간적으로 존경하는 사람이 있어 그의 생각을 다른 사람들에게 전할 때도, 혹시라도 내 생각이 그의 본디 생각에 못 미칠까 걱정하며, 그런 걱정을 함께 전하는 법이다. 그런데 어떻게 하느님의 생각을 전하면서 그리 오만하고 권위에 찬 태도를 가질 수 있겠는가? 하느님을 섬긴다는 건, 하느님의 뜻을 헤아리려 힘닿는 데까지 노력하면서도 미처 하느님의 뜻을 헤아리지 못한 부분이 있을 수 있음을 겸손하게 인정하는 태도이지, 앙상한 교리와 신학을 내세워 자신이 하느님의 권한을 완전히 위임받은 양 구는 태도가 아니다.

예수의 소문을 들은 가족들은 '정신이 나간' 예수를 붙들러 나선다. 가족들의 행동은 예수가 서른 살이 다 되어 가족을 떠나 요한에게 세례를 받고 공생애를 시작하기 전까지 전혀 특별한 사람이 아니었음을 드러낸다. 만일 예수가 어릴 적부터 신의 아들이라는 표징을 보였다면, 하다못해 위대한 예언자의 징후라도 보였다면 그가 공적 활동을 시작했을 때 가족들은 그저 '올 게 왔구나' 했을 것이다.

아들이 집을 떠나 '미친 행동'을 하고 있다는 소문을 들은
어머니의 심경은 어땠을까? 어릴 적부터 노동으로 식구들의
생계를 맡아 온 착한 맏아들에 대한 연민, 다른 가족들마저
미쳤다고 말하지만, 또 정확히 이해하고 있는 것은 아니지만
제 속으로 낳고 기른 어미이기에 직감할 수 있는 아들의
진지하고 존귀한 신념, 그리고 상상하기조차 두려운 그러나
필시 아들에게 닥쳐올 위험과 고난 등에 대한 생각으로
어머니는 번민한다. 그런데 정작 예수는 어머니의 그런
심정을 아는지 모르는지 그 어머니를 부인한다.

예수는 마치 출가한 승려처럼 세속의 인연을 '초월'하려는
걸까? 이어지는 예수의 말을 곰곰이 살펴보면 예수는
오히려 세속의 인연을 '확장'하는 것이다. 흔히 고대인들은
오늘 개인주의에 물든 우리보다 훨씬 덜 이기적이었던
걸로 여겨진다. 물론 그건 어느 정도 사실이지만 그들에겐
집단화한 이기심이 우리보다 훨씬 더 강하게 존재했다.
'개인'이라는 개념이 없던 그들에게 가족이란 한 사람의
정체성과 사회적 위상을 확인하는 가장 중요한 수단이었다.
어떤 사람인가보다는 누구의 자식인가 어느 가문 출신인가가
훨씬 더 중요했다. 가족의 이해관계는 전적으로 나의
이해관계였고 단일한 이해관계로 뭉친 가족은 다른 가족이나
사회에 배타적이고 이기적인 모습을 보일 수밖에 없었다.

그 집단화한 이기심이 하느님 나라 운동에, 모든 인민들이 하나로 연대하는 일에 큰 벽이 되었다. 예수는 그 벽을 자신부터 깨트리는 것이다. 예수는 제 어머니와 형제를 부인하는 게 아니라 어머니와 형제의 의미를 해체하여 하느님 나라 운동을 기준으로 다시 세우며 동시에 무한하게 확장하는 것이다.

"하느님의 뜻을 행하는 그런 사람"은 물론 바리사이인들이 말하듯 하느님의 율법을 지키는 사람들이 아니라 하느님의 기쁜 소식을 받아들이고 참여하는 사람, 즉 하느님 나라 운동에 참여하는 사람이다. 예수는 가족의 의미를 다시 세운다. 피 한 방울 섞이지 않았어도 하느님 나라 운동에 함께하는 사람은 가족이지만, 나를 낳은 어머니, 나와 피를 나눈 형제라 해도 그 뜻을 같이하지 않는다면 남과 다를 바 없다. "내가 세상에 평화를 베풀러 온 줄로 여기지 마시오. 평화가 아니라 칼을 던지러 왔습니다. 사실 나는, (자식 된) 사람과 제 아버지, 딸과 제 어머니, 며느리와 제 시어머니를 가르러 왔습니다. 제집 식구들이 제 원수들이 될 것입니다. 아버지나 어머니를 나보다 더 사랑하는 사람은 내게 마땅하지 않습니다. 아들이나 딸을 나보다 더 사랑하는 사람도 내게 마땅하지 않습니다."(마태 10:34~37)

제 4 장

1 그리고 그분은 호숫가에서 다시 가르치기 시작하셨다. 그런데 많은 군중이 그분께로 모여들어서 그분은 배에 올라 호수에 자리잡게 되었다. 그리고 군중은 모두 호숫가 땅에 있었다. 2 그리하여 비유들로써 그들을 많이 가르치셨다. 당신은 가르치면서 그들에게 말씀하셨다. 3 "들어 보시오. 자, 씨 뿌리는 사람이 씨를 뿌리러 나갔습니다. 4 그래서 씨를 뿌리는데 어떤 것은 길가에 떨어져, 새들이 와서 그것을 쪼아 먹었습니다. 5 그리고 다른 것은 흙이 많지 않은 돌밭에 떨어졌습니다. 흙이 깊지 않아서 (싹이) 곧 돋기는 했지만 6 해가 솟자 타 버렸습니다. 뿌리가 없어 말라 버렸던 것입니다. 7 또 다른 것은 가시덤불 속에 떨어졌습니다. 그런데 가시덤불이 자라자 그 숨이 막혀 열매를 맺지 못했습니다. 8 그러나 또 다른 것들은 좋은 땅에 떨어져 자라고 커서 열매를 맺었습니다. 그리하여 삼십 배, 육십 배, 백 배를 냈습니다." 9 그리고서는 "들을 귀가 있는 사람은 들으시오" 하셨다.

예수는 늘 비유로 가르친다. 당시 팔레스타인 인민들이 대부분 문맹이거나 체계적인 교육을 받은 적이 없는 사람들이었다는 점에서 비유는 매우 좋은 강의법이었다. 예수의 비유는 일상 현실을 떠난 어떤 관념적이고 추상적인 우화가 아니라 언제나 인민들의 자질구레한 실제 일상을 소재로 했다. 그 비유는 인민들의 노동과 수고 덕에 살아가는 '경건한' 사람들에겐 생소한 이야기들이었다. 그들의 유식함은 예수 앞에서 아무것도 아니게 되었다. 또 앞서 말한 대로(2:21~22 강독 부분) 예수의 비유는 인민들의 일상 가운데서도 여성의 일상에 더욱 닿아 있다. 예수의 비유는 유식한 사람과 무식한 사람, '제대로 된 인간'(남성)과 '모자라는 인간'(여성)이라는 사회적 위계를 전복한다.

"들을 귀가 있는 사람"은 유식하고 공부를 많이 한 사람이 아니다. 말을 알아듣는다는 것이 무엇일까? 단지 그 말을 머리로 이해하는 것? 혹은 가슴으로 느끼는 것? 그것만으로는 충분히 알아듣는 게 아니다. 말을 알아듣는다는 것은 그 말을 이해하고 느끼는 건 물론이려니와 삶에 새겨 실천하는 것이다. 사람은 누구나 보이는 것을 보고 들리는 것을 들으며 살고 있다고 생각한다. 과연 그런가? 사람은 실은 보고 싶은 것을 보고 듣고 싶은 것을 듣는다. 사람은 대개 마음의 귀, 마음의 눈을 닫고

살아간다. 사람이 현명함을 얻지 못하고 진리에 접근하지
못하는 것은 아는 게 적고 공부가 적어서가 아니라 바로
그래서다. 예수가 말한 "들을 귀"란 마음의 귀, 진리의
방문을 기다리는 맑은 마음이다.

물론 예수에게 모여든 사람들은 이미 예수에게 호감을 가진,
지배체제가 길러 놓은 사회적 편견과 선입견에서 조금은
벗어나 예수의 말을 받아들일 준비가 되어 있는 사람들이라
할 수 있다. 예수의 말 한마디 한마디에 고개를 끄덕이며
탄복하고, 힘세고 잘난 사람들을 조롱하는 예수의 우스개에
눈물을 글썽이며 박장대소하기도 하지만, 그렇다 하더라도
그들의 삶이 다 바뀌는 건 아니다. 그 가운데 많은 사람들은
며칠 후, 혹은 이미 집으로 돌아가는 길에 '맞는 말이지만
현실이……' 한마디의 중얼거림으로 예수의 말을 도로 다
뱉어낼 것이다. "들을 귀가 있는 사람은 들으시오." 예수의
말엔 그 사실에 대한 씁쓸함과 한 사람이라도 더 마음의 귀를
열어 줄 것을 소망하는 간절한 마음이 함께 배어 있다.

10 그런데 그분이 홀로 계실 때에 그분 주위의 사람들이 열두
(제자)와 함께 그분께 비유들에 관해서 물었다. 11 그러자
그들에게 말씀하셨다. "여러분에게는 하느님 나라의 신비를
내려 주셨지만 저 바깥사람들에게는 모든 것이 (수수께끼

같은) 비유들이 됩니다. 12 그들이 보고 또 보아도 알아보지 못하고, 듣고 또 들어도 깨닫지 못하게 하려는 것이니, 그들이 돌아옴으로써 용서받을까 염려해서입니다."
13 이어서 그들에게 말씀하셨다. "여러분이 이 비유도 알아듣지 못하니, 어떻게 모든 비유를 알겠습니까?

"저 바깥사람들"은 아직 하느님 나라를 받아들이지 않은 사람들, 말하자면 '여전히 마음의 귀가 닫힌 사람들'이다. 예수는 그런 사람들에게 하느님 나라를 숨기겠다는 게 아니라 제자들에게 하느님 나라에 대해 이미 충분히 알아들을 만큼 가르쳤다는 사실을 강조하려는 것이다. 예수는 '그랬는데도 그렇게 못 알아듣는가'라고 제자들을 힐난한다. 예수의 말엔 깊은 고독이 비친다. 한 치의 흔들림도 없는 확신을 가지고 활동하면서도 자신의 생각이 제대로 이해받지 못하는 것을 거듭 확인해야 하는 사람의 고독. 예수는 끊임없이 자신의 생각을 이야기하지만 마음의 귀가 닫힌 제자들은 제대로 알아듣지 못한다. 그들이 예수를 따라나선 건 예수가 예언자 혹은 메시아라는 기대를 했기 때문이다. 그들에겐 예수를 자신의 예언자상, 혹은 메시아상에 끼워 맞추려 하는 마음이 남아 있다. 그래서 그들은 예수에게서 자신들이 바라는 모습이 보일 땐 환호하지만 그렇지 않을 때는 도무지 알아듣지 못하는 모습을 보인다.

14 씨 뿌리는 사람은 말씀을 뿌립니다. 15 말씀이 뿌려지는 길가 사람들은 이런 이들입니다. (말씀을) 듣자 즉시 사탄이 와서 그들 안에 뿌려진 말씀을 빼앗아 갑니다. 16 그리고 돌밭에 뿌려지는 사람들은 이런 이들입니다. 이들은 말씀을 듣자 즉시 그것을 기꺼이 받아들입니다. 17 그러나 그들은 자기 속에 뿌리가 없고 한때뿐입니다. 그리하여 말씀 때문에 환난이나 박해가 일어나면 즉시 넘어집니다. 18 그리고 가시덤불 속에 뿌려지는 사람들은 이런 이들입니다. 이들은 말씀을 듣는 이들이지만, 19 현세 걱정과 재물의 유혹과 다른 것에 대한 욕심이 들어오자 말씀은 숨이 막혀 열매를 맺지 못합니다. 20 그러나 좋은 땅에 뿌려진 사람들은 이런 이들입니다. 이들은 말씀을 듣고 받아들여서 삼십 배, 육십 배, 백 배의 열매를 냅니다." 21 그리고 그들에게 말씀하셨다. "등불이 오는 것은 됫박 밑에나 침대 밑에 놓이기 위함이겠습니까? 등경 위에 놓이기 위함이 아니겠습니까? 22 사실 숨겨진 것은 드러나게 마련이고 감추어진 것도 드러나게 마련입니다. 23 누가 들을 귀가 있거든 들으시오." 24 그리고 그들에게 말씀하셨다. "여러분이 듣는 것을 유의하시오. 여러분이 되어 주는 되만큼 여러분에게 되어 주실 것이고 또한 여러분에게 더 보태어 주실 것입니다.

25 사실 가진 사람에게는 (더) 주실 것이고 갖지 못한 사람에게서는 가진 것마저 빼앗으실 것입니다."

답답해하던 예수는 비유를 설명한다. "말씀"이란 '진리'를 말한다. 진리는 우리를 진정으로 평화롭고 행복하게 하는 것이지만 이미 부질없는 욕망에 젖은 사람들이 진리를 좇으며 사는 건 쉬운 일이 아니다. 진리를 좇으며 사는 사람을 존경하기는 쉽지만 스스로 그렇게 사는 건 어렵다. 그렇게 살기 위해선 이런저런 일상의 안락과 쾌락을 포기해야 하고 또 포기한 후에라도 얼마든지 유혹에 걸려 넘어지기 쉽다. 예수는 다시 등불의 비유로 하느님의 나라에 대해 가르친다. 어떤 사람이 들으면 알쏭달쏭하고 어떤 사람이 들으면 머리에 불이 확 들어오는 이야기다.

예수는 마음의 귀가 열려야 한다는 것, 진리를 받아들이고 삶에 새기는 게 중요하다는 것을 거듭 강조한다. 진리를 받아들이고 삶에 새기는 사람은 더 많이 받게 되지만, 받아들이지 않거나 삶에 새기지 않는 사람들은 원래 받은 것마저 사라져 버릴 것이다. 물론 여기에서 '더 준다'는 것은 돈이나 권력, 명예 따위 세속적인 복이 아니다. 그러나 예수의 이 말은 교회체제에서 매우 오랫동안 교회에 더 많이 바쳐야 하느님도 더 많은 세속적인 복을 준다는 말로 뒤바뀌어 사용되어 왔다.

26 그리고 말씀하셨다. "하느님의 나라는 이런 경우와 같습니다. 어떤 사람이 땅에 씨를 묻고 27 밤과 낮에 자고 일어나는데, 그가 알지 못하는 사이에 씨가 돋아나고 무럭무럭 자랍니다. 28 저절로 땅은 열매를 내는데, 처음에는 줄기, 다음에는 이삭, 다음에는 이삭에 가득한 낟알을 냅니다. 29 그리고 열매가 익으면 그 사람은 즉시 낫을 댑니다. 추수(때)가 다가왔기 때문입니다." 30 그리고 말씀하셨다. "우리는 하느님의 나라를 어떻게 비교할까, 혹은 무슨 비유로 그것을 표현할까? 31 겨자 씨앗과 같습니다. 그것이 땅에 뿌려질 때는 땅에 있는 어떤 씨보다도 작습니다. 32 그러나 뿌려지면 자라서 어떤 푸성귀보다도 크게 되어 큰 가지들을 뻗칩니다. 그리하여 하늘의 새들이 그 그늘에 깃들일 수 있게 됩니다." 33 그리고 이와 같은 많은 비유로써 그들에게 말씀을 설파하셨는데, 그들이 알아들을 수 있을 정도로 하셨다. 34 비유가 아니면 그들에게 말씀하시지 않았고, 당신 제자들에게는 따로 모든 것을 풀이해 주셨다.

세상의 변화를 위해 싸우고 헌신하는 사람이 싸우고 헌신하는 그만큼 세상이 변화하는 걸 확인할 수 있다면, 그래서 시시각각 보람과 기쁨을 가질 수 있다면 얼마나 좋을까? 그러나 세상은 늘 그대로이거나 오히려 더 나빠지는 것처럼 보인다. 그래서 많은 사람들이 낙심하며 또 포기하곤 한다. 지금 예수를 따르는 사람들도 마찬가지다. 성미가 급한 사람이라면 이미 그 문턱에 다가가 있을지도 모른다. 바로 그걸 염두에 두고 예수는 말한다. 씨를 뿌린 사람도 못 알아차리는 사이에 어느새 싹이 돋고 이삭이 패고 마침내 알찬 낟알이 맺힌다고.

예수가 말한 "겨자"는 당시 팔레스타인에 많이 자란 '시나퍼'라는 변종 겨자다. 시나퍼의 씨앗은 그 어떤 풀씨보다 더 작지만 다 자라면 3미터가 넘어 어지간한 나무보다 크고 무성하다. 변화의 씨앗은 언제나 작고 보잘것없다. 그래서 대개의 사람들은 변화를 좇는 사람들을 존경하기보다는 비웃거나 조롱한다. '세상이 다 그런 거지.' '그런다고 세상이 변하나.' 좀더 진지하고 양식 있다는 사람들도 마찬가지다. '저 보잘것없는 세력이 어느 세월에 세상을 바꾼단 말인가.' '승산도 없는 싸움에 힘을 소모하기보다는 최악이라도 막는 게 최선이지.' 그들은 '변화를 위한 보다 현실적인 선택들'을 제시한다. 그런 선택들은 많은 사람들에게서 지지를 받는다. 그런 선택들은 대단한 변화를 일으키는 듯하지만 실은 현실의 모순을 순화하고 인민들의 정당한 분노를 누그러트림으로써 변화를 가로막는 가장 큰 장벽이 되곤 한다.

변화는 오히려 비현실적인 꿈을 꾼다며 비웃음과 조롱을 받는 사람들, 작고 보잘것없어 보이는 사람들의 끈기 있는 노력에 의해 일어난다. 도무지 꿈쩍도 하지 않을 것 같던, 변화를 상상하는 것만으로도 비현실적이라 느껴지던 세상이 서서히 그러나 분명히 변화한다. 그리고 그 변화로 일어난 혜택은 시나퍼의 그늘처럼 모든 사람, 그들을 비웃고 조롱한 사람들은 물론 그들을 적대하고 탄압한 사람들에게까지 고루 나누어진다. 역사에서 보듯 세상의 변화는 늘 그래 왔고 지금 이 순간도 마찬가지다. 아무것도 변하지 않는 것 같은 지금 쉬지 않고 변화가 일어나고 있다.

'제자들에게는 따로 모든 것을 풀이해 주었다'는 건 자신의 제자와 여느 사람들을 차등했다는 게 아니다. 앞서 말했듯 '열두 제자'란 상징적인 의미이거니와, 여기에서 '제자들'이란 어떤 자격이나 임명의 의미보다는 여느 사람들보다 '들을 귀'를 가진 사람이라 인정된 자들이다. 들을 귀가 없는 사람에게, 마음의 귀가 닫힌 사람에게 지나치게 연연하는 건 부질없는 짓이다. 그것은 성실한 계몽의 태도가 아니라 '나는 열심히 하고 있다'는 자기만족에 불과하다. 그렇게 쉽게 많은 사람들이 알아들을 수 있다면 이미 변화가 필요 없는 세상일 것이다. 예수는 낙관적이지만 터무니없는 몽상가는 아니다. 예수는 대개 많은 사람에게 제한 없이 말하지만, 동시에 변화는 들을 귀를 가진 소수의 사람들로부터 진행된다는 사실을 분명히 하고 그들을 집중해서 가르친다.

35 그리고 그날 저녁때가 되자 그들에게 "(호수) 저편으로 건너갑시다" 하셨다. 36 그래서 그들은 군중을 버려두고 그분을 배에 타신 채 모시고 갔는데, 다른 배들도 그분과 함께 있었다. 37 그런데 큰 돌풍이 일어 파도가 배 안으로 덮쳐 들어와서 벌써 배가 (물로) 가득 차게 되었다.
38 그러나 그분은 고물에서 베개를 베고 주무시고 계셨다. 그리하여 그들은 그분을 일으키고 그분에게 "선생님, 우리가 멸망하는데도 당신은 걱정이 안 됩니까?" 했다. 39 그러자 일어나 바람을 꾸짖으시고 호수더러 "잠잠하라, 잠자코 있어라" 하셨다. 그러자 바람이 가라앉고 아주 고요해졌다. 40 그러고서는 그들에게 "여러분은 왜 겁냅니까? 아직도 믿음이 없습니까?" 하셨다. 41 그러자 그들은 크게 겁을 먹고 두려워하면서 서로 말했다. "도대체 이분이 누구인데 바람과 호수조차 이분에게 복종할까?"

할 일 없는 사람들은 이런 이적이 과학적인 사실인가를 두고 논쟁을 한다. 오늘 서구 신학계의 중론은 예수의 이적 가운데

질병 치유와 귀신 쫓는 이적들은 사실이지만 자연 이적들은 사실이 아니라는 것이다. 물론 모든 이적이 사실이라 주장하는 학자들도 있고 모조리 사실이 아니라고 주장하는 학자들도 있다. 그러나 그 이적이 과학적 사실이라는 걸 입증한다고 해서 무엇을 얻을 수 있을까? 만일 예수가 물 위를 걸은 게 사실임을 입증하면 모든 사람이 예수를 존경하고 신앙하게 되는가? 우리는 예수가 '인류 역사상 가장 위대한 마술사'라서 존경하고 신앙하는 게 아니다. 그 이적에 가르침과 깨달음이 담겨 있지 않다면, 그 이적이 우리의 삶에 변화와 감동을 줄 수 없다면 아무리 놀랍고 신비스러운 이적이라 해도 단지 구경거리에 지나지 않는다.

어떤 게 더 큰 이적인가? 사람이 물 위를 걷는 것, 그리고 남보다 더 많이 가진 걸 자랑스러워하던 사람이 그것을 부끄럽고 불편해하게 되는 것. 예수는 진정한 이적, 더 큰 이적을 요구한다.

예수는 제자들의 유약한 마음과 흔들리는 믿음을 책망한다. 예수는 제자들에게 바람을 가라앉히고 파도를 고요하게 하는 신비 능력을 요구하는 게 아니다. 예수는 제자들에게 바람을 가라앉히고 파도를 고요하게 하는 굳은 믿음을 요구한다.

제 5 장

1 그리고 그들은 호수 건너편 게라사인들의 지방으로 갔다. 2 그리고 그분이 배에서 내리시자, 더러운 영에 사로잡힌 사람 하나가 [즉시] 무덤에서 그분에게 마주 왔다. 3 그는 무덤에 거처했는데, 이제 어느 누구든 쇠사슬로도 그를 묶어 둘 수 없었다. 4 그는 여러 번 쇠고랑과 쇠사슬로 묶였지만, 그가 쇠사슬을 끊고 쇠고랑을 부수었기 때문에 아무도 그를 휘어잡을 수 없었다. 5 그리고 밤이나 낮이나 항상 무덤과 산에서 소리를 지르고 돌로 제 몸을 짓찧곤 했다.
6 그런데 멀찍이서 예수를 보고 달려와 그분에게 경배했다. 7 그러고서는 큰 소리로 외쳐 말했다. "지극히 높으신 하느님의 아들 예수님, 당신이 저와 무슨 상관이 있슈니까? 하느님 (이름)으로 당신께 명하오니 저를 괴롭히지 마십시오." 8 그분이 그에게 "더러운 영아, 그 사람에게서 떠나가라"고 하셨기 때문이다. 9 그래서 그분은 그더러 "네 이름이 무엇이냐?"고 물으시자, 그는 그분께 "제 이름은 대부대입니다. 저희가 많기 때문입니다" 했다. 10 그리고

자기네를 그 지방 밖으로 내보내지 마십사고 그분께 간곡히 청했다. 11 그런데 그곳 산기슭에는 놓아기르는 큰 돼지 떼가 있었다. 12 그리하여 영들이 그분께 청하여 "저희를 돼지들에게 보내어 그들 속으로 들어가게 해 주십시오" 했다. 13 그래서 그들에게 허락하셨다. (이에) 더러운 영들이 나와서 돼지들 속으로 들어갔다. 그러자 (돼지) 떼는 호수를 향해 비탈을 내리달렸는데, 2,000마리쯤 되었고, 모두 호수에 빠져 죽었다. 14 그러니 돼지 치던 이들이 도망가서 도시와 시골에 알렸다. 그러자 그 일이 어떻게 된 것인지 알아보러 사람들이 왔다. 15 예수께 와서는 귀신 들렸던 사람, 곧 대부대를 지녔던 그 사람이 옷을 입고 멀쩡한 정신으로 앉아 있는 것을 보고 그만 겁을 먹었다. 16 목격자들은 귀신 들렸던 사람에게 무슨 일이 일어났는지 또 돼지들에 관해서 그들에게 이야기했다. 17 그러자 그들은 예수께 자기네 지역을 떠나 주십사고 청하기 시작했다. 18 그리하여 그분이 배에 오르시자, 귀신 들렸었던 사람이 예수께 함께 있도록 해 주십사고 청했지만 19 그에게 허락하시지 않고 그에게 말씀하셨다. "당신 집으로 당신 가족한테 가서, 주님께서 당신에게 하신 일을 모두, 곧 당신에게 자비를 베푸신 일을 그들에게 알리시오." 20 그러자 그는 떠나가서, 예수께서 자기에게 하신 일을 모두 데카폴리스 지방에 선포하기 시작했다. 그러니 모두 놀랐다.

이 군대 귀신 에피소드에는 복음서를 통틀어 가장 또렷한 정치적 메시지가 담겨 있다. 9절에서 "대부대"는 그리스어 '레기온'을 옮긴 것인데 이 말은 '로마의 보병 군단'을 뜻한다. 당시 이스라엘 사람들은 로마군을 통칭해서 '레기온'이라고 불렀다. 그리고 또 그들을 '돼지'에 비유하곤 했다. (유다인들은 돼지를 더러운 동물이라 여겨 먹지도 키우지도 않았는데 이곳은 "호수 건너편", 즉 이방 지역이라 돼지를 키우고 있는 것이다.) 13절의 '내리달려'는 그리스어 '오르메센'으로 로마군의 돌격 명령이다. 정리하면, 예수가 돼지 같은 로마군들에게 돌격 명령을 내려 모조리 물에 빠져 죽게 했다는 이야기다. 이 이야기는 모세를 따라 이집트를 탈출한 히브리 사람들을 추격하던 파라오의 군대를 하느님이 홍해에서 모조리 물에 빠져 죽게 했다는 이야기의 익살스러운 은유이기도 하다. 로마인들은 알아차리지 못했겠지만 이스라엘 사람이라면 누구나 킬킬 웃으며 통쾌해할 이야기인 것이다.

이 에피소드는 이른바 '예수의 정치성'에 대한 명백한 확인이기도 하다. 「마르코복음」은 AD 70년경 로마의 기독교 공동체가 지은 책이다. 70년경은 기독교인, 특히 로마의 기독교인들에게 매우 힘든 시기였다. 64년에 황제 네로가 로마 대화재를 기독교인들에게 뒤집어씌우면서

탄압이 극심해지고 있었고, 팔레스타인 현지에선 66년부터
벌어진 젤롯당의 대로마 독립 전쟁이 결국 패배로 끝나면서
예루살렘 성전이 파괴되는 즈음이었다. 그런 절망적인
상황에서 로마에 의해 정치범으로 처형당한 사람을
그리스도라 믿는 이들이 바로 그 로마에서 자신들의
그리스도를 전하기 위해 쓴 책이 「마르코복음」이다. 그
책엔 로마에 대한 예수의 적대적 행동이나 언사를 적어도
직설적으로는 적을 수 없었을 것이다. 그러나 이 에피소드는
로마에 대한 예수의 정치적 태도를 직설적이진 않지만
충분히, 알려 준다.

예수의 생각이나 태도로 볼 때 그가 로마에 대해 아무런
적대감을 갖지 않았다는 건 상상할 수 없는 일이다. 예수의
관심은 언제나 사람 취급 못 받는 인민들이었다. 예수는
어떤 교조나 논리에서 출발한 게 아니라 바로 그들의 삶과
그들의 처지에서 생각했고 행동했다. 그들을 비참하고
고통스럽게 하는, 다시 말해서 그들을 해방시키려는 하느님을
비참하고 고통스럽게 하는 모든 것이 예수의 적이다.
여기엔 눈곱만큼의 타협도 있을 수 없다. 로마는 당연히 그
분명한 적 가운데 하나였다. 「마르코복음」이 예수의 그런
태도를 직설적으로 적을 수 없었다는 사정을 살피지 않고
「마르코복음」의 서술만을 근거로 '예수는 성전 지배세력이나

바리사이인들과는 갈등했지만 로마에 대해선 그렇지 않았다'는 식으로 말하는 건 이치에 맞지 않다.

예수의 정치성에 대한 어이없을 만큼 어리석은 해석들은 생각보다 많다. 예수가 젤롯당 같은 이미 존재하는 변혁적 사회운동에 적극적으로 가담하지 않았다고 해서 예수의 활동에 정치적 변혁이 빠져 있다고 말하거나, 정치를 배제한 어떤 것(영원한 진리, 사랑 등으로 표현되는)을 목표로 했다고 말하는 것은 그 주요한 예다. 예수에게 정치적인 해방은 굳이 강조할 이유조차 없는, 혹은 배제하려 해도 배제할 도리가 없는 매우 기초적이고 당연한 문제였다. 예수는 가난하고 못난 사람들, 죄인, 여성, 아이들이 사람 취급 받는 세상을 구름 위에, 관념 속에 건설하려 한 게 아니다. 바로 우리가 살고 있는 현실 안에서, 그 현실을 변화시킴으로써 만들려고 했다. 그 변화는 원하든 원치 않든 당연히 정치적 갈등과 불화를 수반할 수밖에 없다. 여자가 남자와 대등하게 사람 노릇 하는 세상을 만드는 데 가부장 권력이 가만있을 리가 없고 사람 취급 못 받는 사람들이 인권을 확보하고 버젓이 똑같이 행동하는 데 그들을 억압하고 착취해서 유지되는 기존의 지배체제가 그걸 용납할 리 없다. 예수의 변혁은 당연히 정치적인 변혁을 포함했다. 그것을 궁극의 목표로 하지 않았을 뿐.

귀신 들렸던 사람은 예수를 따르고 싶어하지만 예수는
허락하지 않고 제 고향에 가서 하느님의 일을 알리라고
말한다. 따르고자 하는 모든 사람을 다 거둘 수 없기도
하겠지만, 그보다는 그가 이방 지역의 사람이라는 게 더
큰 이유일 것이다. 예수는 유다 지역에서 이미 하느님을
알고 섬기는 사람들에게 '하느님은 그런 분이 아니다'라고
말하지만 아예 하느님을 모르는 이방 지역 사람들에겐
하느님을 알게 하는 일이 필요하다. 예수는 그에게 그 일을
맡긴다. 말하자면 예수는 그를 출가가 아닌 재가 방식의
제자로 받아들이는 것이다. '데카폴리스'는 게라사를 비롯한
요르단 강 유역의 열 개의 도시연맹을 일컫는다.

21 예수께서 [배를 타고] 다시 저편으로 건너가시자 큰
군중이 그분께 모여 와서 호숫가에 있었다. 22 그런데
야이로라 하는 회당장 한 사람이 와서 그분을 보고 그분
발 앞에 엎드렸다. 23 그러고서는 그분께 "제 딸아이가
다 죽게 되었습니다. 오셔서 그에게 손을 얹어, 구원받아
살도록 해 주십시오" 하고 간곡히 청했다. 24 그래서 그분은
그와 함께 떠나가셨다. 그리고 큰 군중이 그분을 따르면서
그분을 밀쳤다. 25 그런데 어떤 부인이 열두 해 동안이나
피를 흘리고 있었다. 26 여러 의사들에게서 고생만 잔뜩
하고 부인이 가진 것을 죄다 탕진했으나, 아무런 효험도

없을 뿐 아니라 오히려 더 나빠져 갔다. 27 그 부인이 예수의 소문을 듣고 군중 속으로 와서는 뒤에서 그분의 옷을 만졌다. 28 그는 (속으로) '내가 그분의 옷만 만져도 구원받을 것이다'라고 말했던 것이다. 29 그러자 그의 피나던 곳이 즉시 말랐다. 그리고 병고로부터 낫게 된 것을 그는 몸으로 알아차렸다. 30 또한 예수께서는 당신에게서 능력이 나간 것을 스스로 즉시 알아차리고 군중을 돌아보면서 "누가 내 옷을 만졌습니까?" 하셨다. 31 그러니까 그분 제자들이 그분께 "군중이 당신을 밀치고 있는 것을 보시면서 '누가 나를 만졌습니까?'라고 말씀하십니까?" 했다. 32 그러자 그분은 그렇게 한 자를 보려고 둘러보셨다. 33 그러자 부인은 두려워 떨었으니 자기에게 일어난 일을 알았던 것이다. 부인은 와서 그분 앞에 엎드리어 그분께 모든 사실을 말씀드렸다. 34 그러자 그분은 부인에게 "딸아, 당신의 믿음이 당신을 구원했소. 평안히 가시오. 그리고 당신의 병고로부터 건강하게 나으시오" 하셨다. 35 그분이 아직 말씀하시고 계실 때에 회당장(의 집)에서 사람들이 와서 "당신 딸이 죽었습니다. 이제 무엇 때문에 선생님을 괴롭히겠습니까?" 했다. 36 그러니 예수께서는 그들이 한 말을 엿들으시고 회당장에게 "두려워하지 말고 믿기만 하시오" 하셨다. 37 그러고서는 베드로와 야고보와 야고보의 동기 요한 외에는 누구도 당신을 따라오는 것을 허락하시지 않았다. 38 그리고 그들은 회당장의 집으로 갔다. 그리고 그분은 소란 피우는 것과 우는 이들과 심히 통곡하는 이들을 보셨다. 39 그리고 그분은 들어가시면서 그들에게 "왜 여러분은 소란을 피우고 울고 있습니까? 그 아이는 죽은 것이 아니라 잠자고 있습니다" 하셨다. 40 그러자 그들은 그분을 비웃었다. 그러나 그분은 모두 내쫓고 아이의 아버지와 어머니, 그리고 당신 일행을 데리고 아이가 있는 곳으로 들어가셨다. 41 그러고서는 아이의 손을 잡고 그더러 "탈리다 쿰"이라 하셨다. 번역하면 "어린 소녀야, 너에게 말하노니 일어나거라"이다. 42 그러자 어린 소녀는 즉시 일어나서 걸었다. 열두 살이나 되었기 때문이다. 그러니까 그들은 즉시 크게 놀라 넋을 잃고 말았다. 43 그리고 예수께서는 아무도 이 일을 알지 못하게 하라고 그들에게 엄히 명하시고, 먹을 것을 소녀에게 주라고 말씀하셨다.

바리사이인들이 헤로데 일파와 예수를 죽이기 위해 모의할 정도로 예수와 바리사이인들과의 관계가 악화되었지만 야이로라는 회당장은 아주 이례적인 태도로 예수에게 도움을 청한다. 아무리 제 딸을 살리고 싶은 사정이 있다 하더라도 사람들 앞에서 공개적으로 무릎을 꿇는 행동은 예수에 대한 진심 어린 존경심을 드러낸다. 예수는 그의 청을 흔쾌히 받아들인다. 예수의 태도는 바리사이인들과의 불화가 철저하게 공적인 차원임을 보여 준다. 예수의 관심은 오로지 하느님의 나라이며 그는 그것을 훼방하고 왜곡하는 모든 대상에 분노한다. 바리사이파라는 사회집단은 그 주요한 대상의 하나지만 그에 속한 모든 개인들을 예수가 증오하는 건 아니다. 예수에게는 바리사이인인가 아닌가가 아니라 하느님의 나라를 순전하게 받아들이는 사람인가 훼방하는 사람인가가 중요할 뿐이다. 이런 구분이 그리 특별할 것은 없어 보이지만 생각해 보면 오늘 사회에서도 여전히 쉬운 일은 아니다. 현실을 들여다보면 사적인 친소 관계를 넘어선, 혹은 내가 속한 그룹이나 학파를 넘어선 정당한 논쟁과 비판은 실제로 거의 존재하지 않는다. '그놈이 감히 우릴 씹어!' '말은 맞지만 너무하는 거 아니야?' 하는 심리가 정작 논쟁과 비판의 내용을 압도해 버리는 것이다. 이는 그런 비판과 논쟁들이 '나'를 위해 존재하기 때문에, 그룹이나 학파는 실은 '나'를 구현하기 위한 껍데기일 뿐이기 때문이다. 예수가 그걸 넘어설 수 있는 건 예수가 '나'를 넘어섰기 때문이다. 예수에세, 내가 아니라 하느님, 내가 아니라 인민, 그리고 내 일이 아니라 하느님과 인민이 만나는 일만이 중요했다.

병을 고치는 이적을 예수만 행했던 건 아니다. 많은 랍비와 신비 능력을 가진 사람들이 악령을 쫓고 병을 고침으로써 명망을 얻고 있었다. 예수의 치유 이적이 그들과 다른 점은 그 이적을 행하는 자신을 감춘다는 점이다. '나'는 전혀 등장하지 않는다. 예수는 단 한 번도 '내가' 혹은 '내 능력으로' 병을 고쳤다, 라고 말하지 않는다. 예수는 언제나 '당신의 믿음이' 당신의 병을 고쳤다, 라고 말한다. "딸아, 당신의 믿음이 당신을 구원했소. 평안히 가시오. 그리고 당신의 병고로부터 건강하게 나으시오." 믿음이란 무엇인가? 누군가를 믿는다는 것은 상대에게 나를 연다는 뜻이다. 하느님을 믿는다는 것도 마찬가지다. 예수는 '하느님을 잘 믿으면 그에 대한 보상으로 하느님이 축복한다'고 말하는 게 아니라 하느님은 이미 축복할 준비가 되어 있으니 그걸 믿고 받아들이기만 하면 된다고 말한다. '하느님은 바로 고통과 비참에 빠진 당신 편입니다. 하느님의 뜻을 믿고 힘을 내세요. 하느님은 당신이 어느 누구에게도 함부로 눌릴 이유가 없는 당당한 권리와 자존심을 가진 인간이라는 사실을 잊지 않길 바라십니다.'

예수의 치유 이적에서 치유란 물론 병을 고치는 것이기도 하지만 그보다 더 중요하게는 인민들과 하느님의 관계를 치유하는 것이다. 치유 이적은 인민들과 하느님의 관계를 파괴하고 왜곡한 위선의 체제를 무너트리는 사건, 즉 인민들과 하느님의 관계를 회복함으로써 하느님이 그들의 편이라는 사실을 드러내는 사건이다. 다시 말해서, 치유 이적은 그 자체로 하느님 나라의 편린이다.

"탈리다 쿰"은 아람어다. 예수 당시 이스라엘에선 적어도 네 가지 언어가 사용되었다. 세상을 모두 그리스 문화로 통일하려 했던 알렉산드로스 대왕 이후 상류층은 그리스어를 상용했으며 사두가이인들과 제관들은 히브리어를 사용했고 로마의 식민 상태였으므로 라틴어도 적잖이 사용되었다. 대개의 인민들은 아람어를 사용했으며 물론 예수도 아람어를 사용했다. 그렇다면 예수는 아람어 외의 다른 언어도 사용할 수 있었을까? 이 점에 대해선 학자들의 연구와 논란이 분분하지만 우선 구약성서의 내용을 자유자재로 인용하고 구사한 것으로 볼 때 히브리어로 읽고 쓸 수 있었던 건 분명하다. 그리고 이스라엘 사회 안의 여러 사회집단에 속하는 사람들과 여러 경로로 교우하고 소통한 흔적으로 볼 때 그리스어나 라틴어도 적어도 무리 없이 소통할 수 있는 정노는 되었던 것으로 보인다. 예수의 출신이나 사회적 지위로 볼 때 매우 이례적인 경우라 할 수 있지만, 예수가 하느님 나라 운동을 시작하기 위해 꽤 오랜 기간 동안 준비하고 공부했을 것을 생각한다면 오히려 자연스러운 일이라 할 수도 있다.

「마르코복음」은 그리스어로 쓰였지만 몇 군데 예수의 대사는 그 생생함을 드러내기 위해 일부러 아람어로 적혀 있다. "탈리다 쿰"을 비롯하여 "에파타"(7:34) "엘로이 엘로이 레마 사박타니"(15:34) 등이 그렇다.

제 6 장

1 그리고 거기서 떠나 당신 고향으로 가셨는데 그분 제자들도 그분을 따라갔다. 2 그리고 안식일이 되자 회당에서 가르치기 시작하셨다. 그런데 많은 사람들이 듣고 매우 놀라서 말했다. "이 사람한테 이런 일이 어디서 내렸을까? 이 사람한테 내린 지혜는 어떤 것일까? 그의 손으로 기적들조차 이루어지다니? 3 이 사람은 장인이요 마리아의 아들이며 야고보, 요셉, 유다, 시몬과 형제간이 아닌가? 또한 그의 누이들도 여기 우리와 함께 있지 않은가?" 그러면서 그들은 그분에게 걸려 넘어졌다. 4 그래서 예수께서는 그들에게 "예언자는 자기 고향과 자기 친척들과 자기 집 밖에서는 푸대접을 받는 법이 없습니다" 하셨다. 5 그리하여 그분은 거기서 아무런 기적도 행하실 수 없었고, 단지 몇몇 병자에게 손을 얹어 고쳐 주셨을 뿐이다. 6 그리고 그분은 그들의 불신에 대해서 이상히 여기셨다. 그분은 마을들을 두루 돌아다니면서 가르치셨다.

예수가 드디어 고향 나자렛의 회당에 들어가 가르치지만
고향 사람들은 그를 비웃는다. 예수는 착잡한 얼굴로
'예언자는 고향에서 존경받지 못한다'고 말한다. 사실 예수든
누구든 어릴 적 고추 내놓고 다니는 걸 다 본 사람들이 그
사람에게서 어떤 신비감이나 카리스마를 느끼긴 어렵다. 잘
알기 때문에, 잘 안다고 생각하기 때문에 오히려 그 사람의
가치를 제대로 보지 못하는 것이다. 그러나 사람이란 자신이
아는 사람이 저명해지면 덩달아 우쭐해하기도 하는 법이다.
더구나 모든 사람이 자신을 가족이나 마을 같은 공동체의 한
성원으로 인식하는 고대사회에서, 마을 공동체의 한 성원이
저명한 사람이 되었다는 건 온 마을의 자랑이다. 노인들은
앞다투어 '내가 걔를 키웠다'며 너스레를 떠는 것이다.
그런데 왜 나자렛 사람들은 예수를 비웃었을까? 그들은
심지어 예수를 "산벼랑에까지 데리고 가서 밀쳐 떨어뜨리려"
한다.(루가 4:16~30) 고향 사람들의 태도엔 예수의 생각과
활동, 즉 하느님 나라 운동에 대한 명백한 반대가 담겨 있다.
고향 사람들의 이런 태도는 이스라엘 인민들 가운데 예수의
생각과 하느님 나라 운동을 반기고 환영하는 사람들도
많았지만 반대하는 사람들도 적지 않았다는 것을 드러낸다.
로마나 헤로데에 빌붙어 살아가거나 성전 지배세력과
이해관계를 같이하는 예루살렘 사람들도 아닌, 그들에 의해
앗기고 무시당하는 갈릴래아 나자렛의 가난한 사람들이 왜

바로 자신들을 위한 활동을 반대한 것일까?

의아하게 생각할 수도 있지만 가만 살펴보면 실제 현실은 언제나 그렇다. 어느 시대 어느 사회에서나 대다수의 인민들이 자신의 삶이나 계급적 처지에 걸맞은 정당한 의식을 가지고 있다면 세상은 당장 뒤집히고 말 것이다. 그래서 지배체제는 언제나 제 가치관과 세계관을 인민들에게 주입한다. 그런 주입에도 역사의 어느 한순간에 혁명의 불길이 타오르기도 하지만, 그 짧은 순간을 빼면 인민들은 거의 언제나 지배체제의 가치관과 세계관에 물들어 있다. 그래서 그들은 자신들의 편에 서는 사람들에게 종종, 아니 기본적으로 적대적이다. 20세기에 횡행한 '레드 콤플렉스'를 가까운 예로 들 수 있다.

결국 예수는 고향에서 별 이적을 행하지 못한다. 앞서 말했듯 예수의 이적은 일방적으로 행사되거나 과시되지 않는다. 능력이 있든 없든 상관없이 그런 일방적인 이적, 이적을 위한 이적은 예수에게 아무 쓸모가 없다. 중요한 건 이적 자체가 아니라 그 이적에 담긴 믿음과 소통이기 때문이다. 이적은 하느님이 실은 잘나고 힘센 사람들이 아니라 무시당하고 억압받는 내 편이며 나를 기다리고 계신다는 기쁜 소식을 받아들이는 사건이다. 이적의 기회는 누구에게나 열려 있다.

그러나 그 믿음과 소통을 거부하는 사람들에게, 마음의 귀가 닫힌 사람들에게 이적은 없다.

7 또한 열두 (제자)를 부르시고, 그들을 둘씩 둘씩 파견하시기 시작하며, 더러운 영들을 제어하는 권능을 그들에게 주셨다. 8 아울러 그들에게 명하시어, 길을 떠날 때에 지팡이 외에는 아무것도 갖고 가지 말 것이니, 빵도 자루도 전대에 돈도 갖고 가지 말고, 9 다만 샌들은 신되 "속옷은 두 벌 껴입지 마시오" 하셨다.

예수는 제자들에게 '무소유 원칙'을 명령한다. 무소유는 영적 자유를 위한 것이다. 물질의 부와 영혼의 부는 한 사람에게 동거할 수 없다. 물질적으로 가진 게 많을수록 영적 자유는 적어진다. 또한 무소유의 추구는 하느님 나라의 사회구조를 이루는 근간이기도 하다. 우리는 한 사회의 빈곤이나 기아가 대개 식량이나 재화가 모자라서 생겼다기보다는 고르고 정당하지 못한 분배의 결과라는 것을 안다. 힘을 가진 소수가 지나치게 많이 갖고 많이 먹기 때문에 힘없는 다수가 모자라고 배고픈 것이다. 그래서 무소유의 추구, 자발적 가난의 추구는 하느님 나라의 가장 기본적인 태도다. 내가 덜 가지려 할 때 나보다 가난한 사람이 조금이라도 더 갖게 된다는 것, 그래서 결국 모두 고르게 갖게 된다는 사실을 받아들이지 않는 사람은 하느님의 나라에 들어갈 자격이 없다. 하느님 나라에 들어갈 자격을 가진 사람은 오로지 가난한 사람, 즉 이미 가난하거나 자발적 가난을 실천하는 사람뿐이다.

24 "어느 누구도 두 주인을 섬길 수는 없습니다. 실상 한편을 미워하고 다른편을 사랑하거나 한편을 존경하고 다른 편을 업신여길 것입니다. 여러분은 하느님과 마몬을 (함께) 섬길 수는 없습니다." 25 "그러므로 여러분에게 말하거니와, 여러분의 목숨을 위해 무엇을 먹을까 [혹은 무엇을 마실까] 또 여러분의 몸을 위해 무엇을 입을까 걱정하지 마시오. 목숨은 음식보다 더 소중하고 몸은 옷보다 더 소중하지 않습니까? 26 하늘의 새들을 바라보시오. 그것들은 씨를 뿌리지도 않고 추수하지도 않을뿐더러 곳간에 모아들이지도 않습니다. 그러나 하늘에 계신 여러분의 아버지께서는 그것들을 먹여 주십니다. 여러분이야 그것들보다 더 귀하지 않습니까? 27 여러분 가운데 누가 걱정한다고 제 수명을 한 순간인들 늘릴 수 있습니까? 28 여러분은 왜 옷 걱정을 합니까? 들의 백합꽃들이 어떻게 자라는지 눈여겨보시오. 그것들은 수고하지도 않고 물레질하지도 않습니다.
29 그러나 여러분에게 말하거니와, 그 온갖 영화를 누린 솔로몬도 그것들 가운데 하나만큼 차려입지 못했습니다.

30 오늘 있다가 내일이면 아궁이에 던져질 들풀도 하느님께서 이처럼 입히시거든 하물며 여러분이야 더 잘 입히시지 않겠습니까? 믿음이 약한 사람들! 31 그러므로 여러분은 무엇을 먹을까 혹은 무엇을 마실까 혹은 무엇을 입을까 하면서 걱정하지 마시오. 32 그런 것은 다 이방인들이 힘써 찾는 것입니다. 하늘에 계신 여러분의 아버지께서는 이런 것이 다 여러분에게 필요하다는 사실을 알고 계십니다. 33 여러분은 먼저 하느님의 나라와 그분의 의로움을 찾으시오. 그러면 여러분은 이런 것들도 다 곁들여 받게 될 것입니다. 34 그러므로 내일을 걱정하지 마시오. 내일은 그 나름대로 걱정하게 될 것입니다. 그날에는 그날 괴로움으로 족합니다."(마태 6:24~34)

「마태오복음」에서 예수는 하느님 나라 운동에 참여하는, 혹은 함께하려는 사람들이 흔히 직면하는 '현실적 고민'에 대해 직설적으로 말한다. 아무 걱정 말라고, 설마 하느님이 당신의 뜻을 펼치는 사람을 굶어 죽게야 하겠냐고 예수는 말한다. 물론 그런 현실적 고민은 예수를 따라 풍찬노숙하는 제자들의 고민이며 예수 자신의 고민이기도 하다. 어머니와 동생들만 남겨 두고 떠나온 그의 심정이 오죽했으랴. 예수의 말엔 남은 가족들에 대한 걱정과 애달픈 마음을 애써 다잡으려는 노력이 담겨 있다.

"마몬"은 아람어로 '물질적인 부'를 뜻한다. 물론 사람이 현실 사회 속에서 살아갈 때 물질은 필수 불가결한 것이다. 최소한의 '물질'을 갖지 못한 채 최소한의 인간적 품위를 유지한다는 건 거의 불가능한 일이다. 그러나 예수는 물질을 도외시하라는 게 아니라 물질을 '섬기는 것'에 대해 말한다. 날 때부터 마몬의 종으로 살아가는 사람은 없다. 처음엔 누구나 최소한의 품위 유지를 위한 적당한 물질을 바라지만 그 '적당한 물질'의 수준은 점점 늘어만 간다. 그래서 어느새 저도 모르게 마몬의 포로가 되어 버리는 것이다. 마몬은 사람을 직접 해치는 게 아니라 사람에게 조금씩 물질적인 욕망을 심어 줌으로써, 행복의 기준을 돈과 물질로 천천히 바꾸어 버림으로써 스스로를 해치게 만든다. 예수는 사람들에게 특별히 고결하고 금욕적인 삶을 요구하는 게 아니라 바로 이처럼 자신도 모르게 자신을 해치는 일을 경고한다.

'하느님과 마몬을 함께 섬길 수는 없다'는 예수의 말은 당시 사람들의 생각과는 전혀 다르다. 유대교 체제는 물질적인 부를 하느님의 축복이라 가르쳤고 누구나 그렇게 생각했다. 그런 사고는 물론 유대교 지배세력의 이해를 대변하는 것이다. 당시 유대교 지배세력은 매우 호화롭고 안락한 삶을 구가했다. 그들은 로마와 결탁해 있었고 부자와 귀족 유다인들의 대변자였다. 당시 유대교가 물질적인 부에 대해 예수와 같은 태도를 가졌다면 그 체제는 스스로 부정될 수밖에 없었을 것이다. 그들이 부를 구가하려면 그들의 부가, 그리고 그들과 결탁한 세력의 부가 '하느님의 축복'으로 여겨져야만 한다. 그리고 '부'가 하느님의 축복으로 여겨질 때 '가난'은 하느님의 저주가 되어 버린다. 예수는 그걸 뒤집는다. "하느님과 마몬을 (함께) 섬길 수는 없"다는 예수의 말은 결국 하느님은 부자의 편이 아니라 가난한 사람의 편이라는 말이다. 예수는 부가 하느님의 축복이라는 말은 하느님을 내세워 마몬을 섬기는 자들의 거짓말이라고, 하느님은 언제나 가난한 사람들의 편이라고 말한다.

우리는 마몬에 관한 예수의 말이 2,000년 전 사람들, 즉 돈과 물질적인 가치가 모든 것의 기준이며 사랑이나 존경마저 돈으로 살 수 있다고 믿는 자본주의 사회에서 살아가는 우리와는 비교할 수 없을 만큼 순진무구한 사람들에게 한 말임을 기억해야 한다. 자본주의라는, 예수도 상상하기 어려웠을 '공식적인 마몬의 체제'에서 살아가는 우리는 돈과 물질에 대한 예수의 말을 더 단호하게 받아들이지 않으면 안 된다. 우리는 중립적인 상태에 있는 게 아니라 이미 마몬의 체제에 깊이 사로잡혀 있으며, 애써 빠져나가려 하지 않는 한 매우 자연스럽게 마몬의 종으로 살아가게 되어 있다. 우리는 마몬의 가치관과 삶의 방식을 단지 '현실적인 것'으로 느끼는 것이다.

10 또한 그들에게 말씀하셨다. "어느 집에 들어가든지 그곳을 떠날 때까지 거기 머물러 있으시오. 11 그리고 어느 곳이든 여러분을 받아들이지 않고 여러분 말을 듣지 않거든 그곳을 떠나가며 여러분 발아래 (묻은) 먼지를 털어 그들에게 증거가 되게 하시오." 12 그래서 그들은 떠나가서, 회개하라고 외쳤다. 13 그리고 많은 귀신들을 내쫓고 많은 병자들에게 기름을 발라 고쳐 주었다.

하느님 나라의 소식을 전하고서 바로 반응이나 변화가 없다고 실망하거나 포기하는 건 물론 잘못이다. 사람들의 의식은 견고한 껍데기를 쓰고 있고 그 껍데기를 벗으려면 금이 가고 깨트려질 시간이 필요하다. 그러나 껍데기를 벗을 가능성이 없는 사람에게, 마음의 귀를 닫아 놓은 사람에게 매달려 내내 시간만 보내는 건 현명하지 않다. 앞에서도 말했듯이 그것은 성실한 활동이 아니라 자기만족에 가깝다. 하느님 나라 운동에 임하는 사람은 운동의 주인이 내가 아니라는 것을 잊어선 안 된다. '내가 무엇을 하는가'가 아니라 '내가 어떻게 쓰이는가'에 초점을 두어야 한다. 그럴 때 우리는 가장 현명하고 적절한 순간에 발아래 묻은 먼지를 털고 껍데기가 깨질 가능성을 가진, 마음의 귀를 열고 있는 사람들에게 달려가는 것이다.

14 그런데 헤로데 왕이 (예수의 소문을) 들었다. 그분의 명성이 알려졌던 것이다. 사람들은 (그분에 대해서) "요한 세례자가 죽은 이들 가운데서 살아난 것이니, 그래서 그에게 기적의 힘이 솟아난다"고 했다. 15 다른 이들은 "그는 엘리야이다"라고, 또 다른 이들은 "그는 예언자들 중의 어느 한 분과 같은 예언자이다"라고 했다. 16 그런데 헤로데는 듣고서 "내가 목을 벤 요한 그 사람이 살아난 것이다"라고 했다. 17 사실 헤로데는 (사람을) 보내 요한을 체포하여 그를 감옥에 결박해 두었다. 그것은 그의 동기 필립보의 아내 헤로디아 때문이었는데, 헤로데는 그 여자와 결혼했던 것이다. 18 그래서 요한은 헤로데에게 "당신이 당신 동기의 아내를 데리고 사는 것은 옳지 않습니다"라고 말하곤 했었다. 19 그리하여 헤로디아는 요한에게 원한을 품고 그를 죽이고자 애썼으나 할 수가 없었다. 20 사실 헤로데는, 요한이 의롭고 성스러운 사람임을 알아보고 그를 두려워했기 때문이다. 그리하여 헤로데는 요한을 감싸주고, 또한 그의 말을 들을 때 매우 난처해하면서도 그의 말을 기꺼이 듣곤 했던 것이다. 21 그런데 좋은 기회가 왔다. 헤로데가 자기 생일에 고관들과 무관들과 갈릴래아 유지들을 (초청하여) 잔치를 한 날이었다.

22 그의 딸 헤로디아가 들어와서 춤을 추어, 헤로데와 또한 그와 함께 식탁에 자리 잡은 사람들 마음에 들었다. 왕은 어린 소녀에게 "원하는 것을 나한테 청하라. 네게 주겠다"고 했다. 23 그러고서는 소녀에게 "나한테 청하는 것이 무엇이든, 비록 내 왕국의 반이라도 네게 주겠다"고 [굳게] 맹세했다. 24 그러자 소녀가 나가 자기 어머니에게 "무엇을 청할까요?" 했다. 그러니까 그 여자는 "요한 세례자의 머리를" 하고 말했다. 25 소녀는 즉각 서둘러 왕에게로 돌아가서 청하여 "바라오니 당장 제게 요한 세례자의 머리를 쟁반에 (담아) 주옵소서" 했다. 26 그러자 왕은 괴로웠지만, 맹세 때문에 또한 식탁에 자리 잡은 사람들 때문에 소녀를 물리치고 싶지 않았다. 27 그래서 왕은 즉시 경비병을 보내어 그의 머리를 가져오라고 명령했다. 곧 경비병은 나가서 감옥에서 그의 목을 베었다. 28 그리고 그의 머리를 쟁반에 들고 와서 어린 소녀에게 주니, 그 어린 소녀는 자기 어머니에게 그것을 갖다 주었다. 29 요한의 제자들이 (소문을) 듣고 와서 그의 시체를 거두어다가 그것을 무덤에 안장했다.

헤로디아가 요한을 죽음으로 몰고 갔다는 이야기는 아마 당시 팔레스타인 사회에서 널리 퍼진 '궁중 비사'였을 것이다. 권력 핵심부에서 일어난 역사적 에피소드엔 언제나 비사가 따른다. 비사는 사람들의 입을 옮겨 가면서 더 채색되고 부풀려진다. 비사에서 모든 역사는 왕 주변의 몇몇 사람들에 의해 결정되는데 대개 그 핵심엔 성적 매력을 무기로 제 권력욕을 구현하는 '요부'가 있다. 그러나 요부 이야기엔 여성의 성적 매력을 악으로 취급하는, 그리고 여성의 성적 감정 표현과 행동을 금기시하는 가부장적 편견이 들어 있다. 역사적 기록으로 보면 헤로디아는 오히려 매우 기개 있는 면모를 가진 여성이다. 헤로데 안티파스는 39년 헤로디아의 오빠 아그리파의 획책으로 실각한다. 로마 황제 가이우스 칼리굴라는 헤로디아가 아그리파의 누이라는 걸 알고 계속 안락한 생활을 하길 권하지만 헤로디아는 거절한다. 요세푸스의 『유대고대사』엔 헤로디아의 말이 기록되어 있다. "제가 남편에게 받은 사랑을 생각해 보면 황제께서 제게 베푸신 은혜를 받으려야 받을 수 없습니다. 행복할 때는 함께 즐거워하다가 불행해진다고 해서 남편을 버린다면 그것이 어찌 의로운 행위라고 할 수 있겠습니까?"

설사 요한이 안티파스의 윤리를 비난하지 않았고 헤로디아가 모략을 꾸미지 않았더라도 결국 요한은 죽임을 당했을 것이다. 로마는 유다인들의 종교와 관련한 문제들은 거의 간섭하지 않은 대신 로마에 대한 반역에는 매우 민감하고 단호했다. 누군가가 사람들을 모으고 하느님 나라에 대해 말하고 '심판'이나 '지배'에 대해 말할 때, 그것은 반역 행위로 파악되었다. 게다가 요한은 인민들에게서 높은 신망과 존경을 얻고 있었다. 요한이 활동하던 요르단 강 부근은 안티파스의 관할이었는데 로마의 괴뢰 왕인 그가 요한을 죽이지 않았다면 오히려 로마의 문책과 책임 추궁을 당했을 것이다.

30 사도들이 예수께 모여 와서, 그들이 행하고 가르친 것을 죄다 그분께 보고했다. 31 그러니까 그들에게 "여러분은 따로 외딴 곳으로 가서 좀 쉬도록 하시오" 하셨다. 오고 가는 사람들이 많아서 그들은 식사할 겨를조차 없었던 것이다. 32 그래서 그들은 배를 타고 따로 외딴 곳으로 떠나갔다. 33 그런데 사람들은 그들이 가는 것을 보았고 많은 이들이 알아차렸다. 그래서 모든 도시에서 도보로 그곳으로 함께 달려가 그들보다 먼저 가 있었다. 34 그래서 그분은 (배에서) 내리면서 큰 군중을 보시고 그들을 불쌍히 여기셨다. 그들은 목자 없는 양들과 같았기 때문이다. 그래서 그들에게 많이 가르치기 시작하셨다. 35 그런데 이미 저녁때가 되자 그분의 제자들이 [그분께] 다가와서 아뢰었다. "이곳은 외지고 이미 저녁때가 되었습니다. 36 사람들을 해산시켜, 주변 농가와 마을로 가서 먹을 것을 제각기 사게 하십시오." 37 예수께서

제자들에게 대답하여 "여러분이 그들에게 먹을 것을 주시오"
하시니 제자들은 그분께 "저희가 가서 200데나리온어치
빵을 사다가 그들에게 먹도록 주라는 말씀입니까?" 했다.
38 그러자 그분은 그들에게 "여러분이 빵을 몇 개나 갖고
있습니까? 가서 보시오" 하셨다. 그래서 그들이 알아보고
"빵 다섯 개와 물고기 두 마리가 있습니다" 했다. 39 그러자
제자들에게 명하여 모두 푸른 풀(밭)에 패를 만들어 자리
잡게 하라고 하셨다. 40 그래서 사람들은 100명씩 또는
50명씩 조를 짜서 자리 잡았다. 41 그러자 그분은 빵 다섯
개와 물고기 두 마리를 드시고 하늘을 우러러 찬양하신
다음 빵을 떼어 [당신] 제자들에게 주시면서, 사람들에게
나누어주게 하셨다. 또한 물고기 두 마리도 모든 사람에게
나누어주셨다. 42 그리하여 모두 먹고 배가 불렀다.
43 그리고 (빵)조각을 모았더니 열두 광주리에 가득 찼으며
남은 물고기도 (모았다). 44 그런데 [빵을] 먹은 이들은 장정
5,000명이었다.

'오병이어'五餅二魚 이적. 〈밀리언즈〉(2004)라는 영화에 보면
베드로가 주인공 꼬마에게 나타나 이 사건의 진실을 알려
준다. 실은 다들 도시락을 준비해서 그걸 먹었지만 예수의
위신을 생각해서 숨긴 것이라고. 예수도 빙긋 웃을 만한
우스개다. 그러나 많은 사람들은 이 에피소드가 과학적

사실인가를 두고 강퍅한 논란을 벌이기도 한다. 그런 논란은 어리석고 부질없는 것이다. 우리는 이 에피소드에서 '과학'이 아니라 '이야기'를 들어야 한다.

장정이 5,000명이라면 여자와 아이들까지 합하면 훨씬 많은 사람이었을 것이다. 그런데 이렇게 하릴없이 예수를 따라다니는 사람들은 어떤 사람들일까. 물론 그 가운데는 번듯한 일자리를 가진 사람도 있고 어쩌면 예수에게 호감을 가진 상류층도 끼어 있겠지만 대개는 뿌리 뽑힌 사람들이다. '경건한' 사람들과는 같이 식사도 할 수 없는 사람들이다. 그런 사람들이 몹시 배가 고픈데 예수는 아주 적은 양의 음식으로 충분히 나눌 수 있다고 말하며, 실제로 그들은 배불리 먹는다. 먹어도 먹어도 음식이 솟아났을 수도 있고 손톱만큼씩 뜯어 나누어 먹었을 수도 있다. 중요한 건 아무리 보잘것없는 것이라도 나누어 먹을 때 함께 만족할 수 있었다는 것이다.

이 에피소드는 이른바 '나눔'에 대한 우리의 알량하고 가식적인 생각에 일침을 가한다. 우리는 대개 나눔을 나와 내 식구가 배불리 먹고 남는 걸로 불쌍한 사람을 돕는 적선이나 자선이라 생각하는 경향이 있다. 그래서 불쌍한 사람을 돕기 위해선 먼저 내가 부자가 되어야 한다는 이상한 논리가

횡행한다. 부모들은 제 아이가 부자가 되길 바라는 욕망을
'부자가 되어 불쌍한 사람을 도우라'는 식으로 우회하여
표현하곤 하는 것이다. 물론 당장의 적선이나 자선이 금세
굶어 죽을 사람을 살리거나 구할 수 있다. 그러나 그건
긴급한 조처일 뿐 근본적인 해결책은 아니라는 걸 우리는
정직하게 인정해야 한다. 우리는 그가 굶어 죽을 수밖에 없는
'현실'을 근본적으로 변화시켜야 한다.

진정한 나눔은 적선이나 자선이 아니라 적선과 자선이 없는
세상을 만드는 일이다. 나눔은 '불쌍한 사람'과 그 불쌍한
사람을 돕는 '훌륭한 사람'으로 역할을 나누어서 벌이는
우스꽝스러운 쇼가 아니라, 누구든 제 능력과 개성에 맞추어
정직하게 일하는 것만으로 사람으로서 최소한의 품위와
자존심을 유지하며 살아가는 사회를 만들어 가려는 노력이다.
나눔은 자연도 자원도 돈도 식량도 집도 땅도 모두 하느님의
것임을 깨닫는 것이며, 하느님이 모든 사람으로 하여금 고루
나누어 쓰라고 한 것이기에 누구에게도 사적으로 소유될 수
없음을 인정하는 것이며, 또 그렇게 할 때 비로소 모두 함께
풍요롭고 만족할 수 있음을 깨닫는 것이다.

말하자면 나눔은 세상을 '나눔의 체제'로 변화시키는 것이다.
또 그런 변화를 위한 실천이며 행동이다. 그리고 그런

나눔의 원리로 작동되는 세상이 바로 하느님 나라다. 예수는 그 사실을 '오병이어의 이적'이라는 장엄하고 서정적인 광경으로 보여 준다.

45 그리고 즉시 당신 제자들을 재촉하시어, 배를 타고 건너편 베싸이다로 먼저 가게 하셨다. 그동안에 당신은 군중을 해산시키셨다. 46 그리고 그들과 작별하신 후에 그분은 기도하려고 산으로 물러가셨다. 47 그런데 저녁때가 되어 배는 호수 가운데 있었고 그분은 홀로 육지에 계셨다. 48 그분은 제자들이 노를 젓느라고 몹시 고생하는 것을 보시고 — 바람이 그들에게 마주 불고 있었던 것이다 — 밤 사경에 호수 위를 걸어 그들에게로 가셨다. 그런데 그분은 그들을 지나치시려고 했다. 49 그러자 그들은 그분이 호수 위를 걸어가시는 것을 보고, 유령인 줄로 생각하고 비명을 질렀다. 50 모두 그분을 보고 질려 버렸던 것이다. 그러자 그분은 즉시 그들과 더불어 이야기를 하시며 그들에게 "힘내시오, 나요. 무서워하지 마시오" 하셨다. 51 그러고서는 그들과 함께 배에 오르시니 바람이 그쳤다. 그래서 그들은 아주 [심하게] 정신이 나갔다. 52 그들은 빵(의 기적)에 대하여 깨닫지 못했기 때문이다. 그들의 마음이 완고했던 것이다.

물 위를 걷는 광경을 눈으로 보고도 믿지 못한다는 건 얼핏 이해가 가지 않는다. 그러나 가만 생각해 보면 사람이란 늘 그렇다. 앞에서도 언급했듯 사람들은 대개 보고 듣는 것을 믿는 게 아니라 자기가 원하는 것을 믿는다. 믿는다는 건 실은 욕망을 드러내는 또 다른 방식인 것이다. 이를테면 오늘 사회의식을 가졌다는 많은 사람들이 입만 벌리면 자본주의의 비인간성을 말하지만, 자본주의 사회가 극복될 수 있다는 건 좀처럼 믿으려 하지 않는다. 그들은 자신이 살고 있는 자본주의 사회가 중세의 암흑을 무너트리는 훨씬 더 어려운 변화의 결과라는 사실을 알고 있으며, 바로 그 덕에 그들 스스로가 법적인 차원에서나마 평등과 자유를 누리고 있음을 알고 있다. 그럼에도 그들이 자본주의를 극복할 수 있다는 믿음을 갖지 않는 이유는 실은 그들이 그 일을 원하지 않기 때문이다.

그들의 관심은 그들이 자본주의의 비인간성을 반대한다는 것을 드러내고 스스로 확인하는 것이지, 비인간적인 자본주의를 진짜 극복하는 게 아니다. 그들은 자본주의를 극복하는 과정의 지난함, 그리고 그 극복이 가져올지 모르는 제 얼마간의 기득권과 사회적 지위의 상실에 대한 두려움을 감수하는 일보다는, 자본주의 체제의 한구석에 끼어 안온하게 생을 보내는 일을 분명히 선택하는 것이다. 자본주의 체제를 지키는 가장 강력한 힘은 되지도 않는 논리로 제 탐욕과 이기심을 드러내며 자본주의를 찬미하는 막돼 먹은, 그래서 많은 인민들에게서 반감을 사는 사람들이 아니다. 그보다는 오히려 입만 벌리면 자본주의의 비인간성을 지적하고 비판하는, 그래서 많은 인민들에게서 양식을 가진 사람들로 여겨지는 사람들, 그러나 절대 자본주의가 극복되길 바라지 않는 '완고한 마음'을 가진 그들이다.

53 그리고 그들은 육지로 건너가 겐네사렛에 이르자 닻을 내렸다. 54 그런데 그들이 배에서 내리자 사람들은 즉시 그분을 알아보고 55 그 지방 일대를 두루 뛰어다니며 병자들을 침상에 (눕혀) 그분이 계시다는 곳으로 나르기 시작했다. 56 그리하여 마을이든 도시든 농가든 그분이 들어가시는 곳이면 어디든지 광장에 병자들을 데려다 놓고, 그분 옷자락의 술이라도 만지게 해 달라고 그분께 간청했다. 그리고 그분을 만지는 사람마다 나았다.

그러나 아무것도 가진 게 없는 사람들, 삶의 막장에 몰려 더 이상 잃을 게 없는 사람들은 두려움도 의심도 가질 게 없으므로 순정한 믿음을 보인다. 구원에 자격 제한은 없다. 사두가이파든 바리사이파든 이방인이든, 자본가든 노동자든 중산층 인텔리든 누구나 구원받을 수 있다. 그러나 실제로,

그리고 결과적으로 구원은 가진 게 없는 사람, 가진 것을 스스로 모두 비운 사람들만의 것일 수밖에 없다.

제 7 장

1 바리사이들과 예루살렘에서 온 율사 몇 사람이 그분께 몰려왔다. 2 그런데 그분의 제자 몇 사람이 부정한 손으로, 곧 씻지 않은 손으로 빵을 먹는 것을 보았다. 3 바리사이들과 모든 유다인들은 조상들의 전통을 지켜, 한 움큼 물로 손을 씻지 않고서는 먹지 않는다. 4 그리고 시장에서 (돌아오면 몸을) 씻지 않고서는 먹지 않는다. 그 밖에도 지켜야 할 전통이 많이 있으니, 잔과 옹자배기와 놋그릇[과 침대]를 씻는 것이다. 5 바리사이들과 율사들은 그분께 "왜 당신 제자들은 조상들의 전통을 따라서 걷지 않고 더러운 손으로 빵을 먹습니까?"라고 물었다. 6 그러자 예수께서는 그들에게 말씀하셨다. "이사야는 여러분 같은 위선자들을 두고 살도 예언했으니 이렇게 적혀 있습니다. '이 백성이 입술로는 나를 섬기지만 그들의 마음은 내게서 멀리 떠나 있도다. 7 헛되이 나를 공경하나니 인간의 계명을 교리로 가르치기 때문이로다.' 8 여러분은 하느님의 계명을 버리고 인간의 전통을 지키고 있습니다." 9 그러시면서 그들에게

말씀하셨다. "여러분의 전통을 고수하려고 하느님의 계명을 잘도 저버립니다. 10 모세는 말하기를 '너의 아버지와 너의 어머니를 공경하라' 또한 '아버지나 어머니를 욕하는 자는 사형을 받아야 한다'고 했습니다. 11 그런데 여러분은 말합니다. '어떤 사람이 아버지나 어머니에게 코르반이라 하면, 즉 제게서 공양받으실 것은 예물입니다 하면 그만이다' 하면서 12 여러분은 그가 아버지나 어머니에게 아무것도 더 해 드리지 못하게 합니다. 13 여러분이 전하는 여러분의 전통에 의해서 여러분은 하느님의 말씀을 무력하게 만듭니다. 여러분은 이런 짓들을 많이 합니다."

예수는 바리사이인들과 "위선자"라는 표현을 서슴지 않는 격정적인 논쟁을 벌인다. 복음서를 읽다 보면 예수의 바리사이인들에 대한 분노가 워낙 불거지다 보니, 마치 예수가 사두가이파나 헤로데 괴뢰 세력보다 바리사이인들을 '더 나쁜 놈들'이라 여겼던 것처럼 느껴지기도 한다. 물론 실제로 그렇진 않다. 사두가이인들이나 헤로데 괴뢰 세력이 바리사이인들보다 사회적으로 훨씬 더 나쁜 사람들인 건 말할 것도 없다. 게다가 예수는 그 자신이 '선생'(랍비)이라 불리기도 하는, 바리사이인들과 매우 가까운 사회적 정체성을 가지고 있었다. 그런데 왜?

우리는 가장 중요한 사회적 비판이 반드시 '그 사회에서 가장 악한 세력'을 대상으로 하는 건 아니라는 점을 기억해야 한다. 오히려 가장 악한 세력은 그 악함이 이미 일반화되어 있어, 뒤집어 말하면 그들에 대한 인민들의 적대감이나 반감 또한 일반화되어 있어서, 그들을 비판하는 일은 그런 일반화한 적대감이나 반감을 한 번 더 되새기는 일에 머물기 쉽다. 너무나 지당한 일은 하나 마나 한 일이기도 한 것이다. 사회적 비판은 그 사회에서 가장 악한 세력이 아니라 '그 사회의 변화를 가로막는 가장 주요한 세력'에 집중되어야 한다. 그 세력은 두 가지 요건을 갖는다. 가장 악한 세력과 갈등하거나 짐짓 적대적인 모습을 보임으로써 인민들에게 존경심과 설득력을 가질 것, 그러나 그 갈등과 적대의 수준은 지배체제 자체를 뒤흔들 만큼 심각하지 않을 것. 그 두 가지 요건의 절묘한 조화가 바로 사회 변화를 가로막는 것이다.

바리사이인들이 바로 그들이었다. 인민들은 사두가이인들과 헤로데 괴뢰 세력을 혐오했지만 이스라엘의 현실과 미래를 고뇌하며 실천하는 바리사이인들을 존경했다. 그러나 바리사이인들은 젤롯당처럼 목숨을 걸고 싸울 만큼 열정적이지 않았고, 성전 지배세력과 완전히 절연하고 광야에서 금욕적 공동체 생활을 하던 에세네파처럼 순수하지 않았다. 적당한 열정과 적당한 순수함으로 무장한 그들은 삶의 안정과 사회적 존경을 동시에 확보할 수 있었다. 그들은 어지간한 사회 개혁의 실천으로, 지배세력의 폭압이 혁명의 불길로 번지는 걸 차단하고 인민들의 변혁 의지를 중화하는 체제의 안전판이었다. 예수는 놀라운 통찰로 그들의 정체를 꿰뚫어 본다.

2,000년 전 이스라엘에 살던 바리사이인들의 정체를 파악하는 건 그다지 어렵지 않다. 그러나 오늘 우리가 사는 세상에서 바리사이인들을 파악하는 건 생각보다 쉽지 않다. 예수 당시 바리사이인들이 자신들이 비난받을 이유가 없는 사람들이라 생각했듯, 오늘 바리사이인들은 자신들이 바리사이인인 줄 모른다. 오늘 바리사이인들은 2,000년 전 바리사이인들을 매우 진지한 얼굴로 욕하는 것이다. 우리는 2,000년 전 바리사이인들의 모습을 찬찬히 살핌으로써 오늘의 바리사이인들을 파악해 볼 수 있다.

그들은 배울 만큼 배운 사람들이며, 안정된, 그러나 거부감이 들 만큼은 아닌 경제력을 가진 사람들이며, 상당한 사회의식을 가진 '양심적인 시민들'이다. 그들은 탐욕스럽고 불의한 지배세력과 짐짓 긴장과 갈등을 벌이며, 늘 먹고사는 일에 매달려야만 하는 대다수 인민들과는 달리 시민으로서 양식을 충분히 유지하는 사람들이다. 그들은 언제나 현실이 변화되어야 한다고 말하며 스스로 그런 변화를 위한 노력에 열심히 참여하고 있다고 자부한다. 그러나 그 노력은 대개 현실의 근본적인 변화가 아니라 현실의 외피를 덜 추악하게 만드는 일에 머문다. 그들은 오히려 현실의 근본적인 변화를 좇는 모든 노력들을 '비현실적'이라고 냉소한다. 그들은 'NGO', '시민운동', '개혁 운동', 그리고 '실현 가능한 진보', '최소한의 상식의 회복' 따위 간판과 표어를 걸고 활동한다. 인민들은 탐욕스럽고 불의한 지배세력을 혐오하지만 양식과 윤리로 무장한 그들을 신뢰하고 존경한다. 그래서 그들, 오늘의 바리사이인들은 사회적으로 강력한 영향력과 설득력을 가지며, '진정한 변화를 막기 위한 변화'라는 그들 본연의 임무를 지속하게 된다.

14 그리고 군중을 다시 불러 그들에게 말씀하셨다. "여러분 모두 내 말을 듣고 깨달으시오. 15 사람 밖에서 사람 안으로 들어가 그를 더럽힐 수 있는 것은 하나도 없습니다. 도리어 사람에게서 나오는 것이야말로 사람을 더럽히는 것입니다." (16)[3] 17 그리고 그분이 군중을 떠나 집으로 들어가시자 그분 제자들이 그분께 수수께끼 같은 그 말씀에 관해서 물었다. 18 그러자 그들에게 말씀하셨다. "여러분도 그렇게

---

3 어떤 사본에는 16절에 이런 말이 있다. "들을 귀가 있는 사람은 잘 들으시오."

우둔합니까? 여러분은 알아듣지도 못한단 말입니까?
밖에서 사람 안으로 들어가는 것은 무엇이든지 사람을
더럽힐 수 없고, 19 그것이 사람 마음속으로 들어가지 않고
뱃속으로 들어가서 뒷간으로 나간다는 것을 말입니다."―
이로써 모든 음식을 깨끗하게 하셨다!
20 그리고 말씀하셨다. "사람에게서 나오는 것, 그것이
사람을 더럽힙니다. 21 안에서, 곧 사람의 마음에서 나쁜
생각들이 나오는 것입니다. 음행, 도둑질, 살인, 22 간음,
탐욕, 악의, 사기, 방탕, 악한 시선, 모독, 교만, 어리석음 같은
것들입니다. 23 이 모든 악한 것들은 안에서 나오며 사람을
더럽힙니다."

구약에 적힌 대로(레위기 11장, 신명기 14:3~21) 이스라엘
사람들은 더러운 음식을 먹지 않는 전통을 가졌는데
예수 당시엔 바리사이인들의 활약으로 금지 음식에 대한
규제가 더욱 심했다. 돼지, 쥐, 뱀, 토끼, 낙타, 개, 피, 낙지,
오징어, 문어, 목을 졸라 죽인 짐승 따위가 그런 음식이었다.
바리사이인들은 그런 음식들을 철저히 가림으로써 자신의
경건함을 유지했다. 그러나 예수는 진짜 더러운 건 실은 그런
더러운 음식이 아니라 사람의 마음에 있다고 말한다. 물론
예수의 말은 한가로운 윤리 강의가 아니라 바리사이인들의
현실 개혁을 위한 사회 행동 방법으로서의 율법주의를

비판하는 것이다. 바리사이인들의 율법주의는 사람의 겉으로 드러나는 행동을 기준으로 한다는 점에서, 그 사람의 내심은 별도로 작동할 수 있다는 점에서 처음부터 위선의 체제가 될 수밖에 없었다.

예수의 이 말을 똑 떼어 예수가 사람의 사회적 행동과 사회적 모순의 해결을 무시하고 내면의 문제에만 천착하는 영성가였다는 식으로 해석하는 건 잘못이다. 만일 예수가 그런 사람이었다면 왜 죽음의 위협을, 그리고 죽음을 당했겠는가? 예수는 문제는 '내 안에만' 있다고 말하는 게 아니라, '내 밖'의 문제에만 집착하는 사람들과 그들의 위선을 지적하면서 문제는 '내 안에도' 있다, 다시 말해서 문제는 '내 안과 밖에 동시에' 있다고 말하는 것이다.

사람은 어떤 불의하고 모순으로 가득한 사회체제에서 살아갈 때 그 체제를 완전히 거부하지 않는 한 자기도 모르게 그 체제에 감염된다. 권위주의 체제에 살아가는 사람들은 저도 모르게 아이와 여자와 하급자에게 권위주의적인 모습을 보이며, 오늘과 같은 극단적인 자본의 체제에 사는 사람은 저도 모르게 돈과 물질적인 가치를 인생의 중심에 놓는 사람으로 변화하는 것이다. 그 사회체제에 얼마간 불만이 있거나 비판적인 사람도 예외는 아니다. 그 사회체제를

완전히 거부하지 않고 살아가는 모든 사람들은 그 체제의
일부인 것이다. 그래서 권위주의 체제나 자본의 체제와 싸울
때 그게 전부라고 생각하면 설사 그 싸움이 승리를 거둔다
해도 결국 내 안에 숨어 있는 권위주의 체제와 자본의 체제가
되살아나기 때문에 세상은 다시 원래대로 돌아오는 것이다.
역사 속에서 대개의 혁명이 그렇다. 세상을 바꾸려면 내 밖의
적과 싸우는 동시에 내 안의 적과도 싸워야 한다.

누구나 수긍할 만한 지당하고 단순한 이치이지만 현실
속에서 그런 조화는 이루어진 적이 거의 없다. 내 밖의 적과
싸우는 일을 '혁명'이라 하고 내 안의 적과 싸우는 일은
'영성'이라 할 때, 역사 속에서 혁명과 영성의 편향은 번갈아
가며 나타난다. 이를테면 20세기에 '영성 없는 혁명'에
빠져들었던 수많은 투사들은 제 영성의 빈곤에 대한 반성과
성찰의 결과로 정반대의 편향에, '혁명 없는 영성'에 빠져들어
있다. 그들은 '적은 밖이 아니라 내 안에 있었다, 밖의 적은
허상일 뿐이다!'라고 외친다.

먹고사는 데 절박하지 않은, 경제적으로나 문화적으로 일정한
안정을 가진 그들에게 밖의 적은 허상이어도 충분할 것이다.
그러나 바로 그 밖의 적에 의해 삶을 위협받는 수많은 사람들,
도무지 내 안을 되돌아볼 삶의 여유가 없는 사람들에게 그건

허상이려야 허상일 수 없다. 그들은 이렇게 말해야 한다.
'적이 밖에만 있다고 생각했는데 내 안에도 있었다. 나는
절반의 싸움만 해 온 셈이다. 두 가지 적과 동시에 싸워야
한다.' 진정한 혁명가는 영성가이지 않을 수 없고 진정한
영성가는 혁명가이지 않을 수 없다. 기도든 명상이든, 하루에
30분도 나를 되돌아보는 시간을 갖지 않는 혁명가가 만들
새로운 세상은 위험하며, 혁명을 도외시하는 영성가가 얻을
수 있는 건 제 심리적 평온뿐이다.

24 예수께서는 거기서 일어나 띠로 지방으로 물러가셨다.
어떤 집으로 들어가셨는데 아무도 알아차리는 것을 원치
않으셨다. 그러나 숨어 계실 수 없었다. 25 그런데 자기 어린
딸이 더러운 영에 사로잡힌 어떤 부인이 즉시 예수의 소문을
듣고 와서는 그분의 발 앞에 엎드렸다. 26 그 부인은 헬라
사람으로서 시로페니키아 출신이었다. 부인은 자기 딸한테서
귀신을 쫓아내어 주십사고 예수께 청했다. 27 예수께서는
부인에게 "먼저 자녀들이 배불리 먹어야 합니다. 자녀들의
빵을 집어 강아지들에게 던져 주는 것은 좋지 않습니다"
하셨다. 28 그러자 부인은 대답하여 "주님, 상 밑에 있는
강아지들도 아이들이 (먹다 떨어뜨린) 부스러기는 먹습니다"
하고 그분께 말했다. 29 그러니까 부인에게 "돌아가시오. 그
말로 말미암아 당신 딸한테서 귀신이 떠나갔습니다" 하셨다.

30 그래서 부인이 자기 집에 가 보니 아이가 침대에 누워 있었다. 귀신이 떠나갔던 것이다.

이방인 여성에 대한 예수의 태도는, 보는 우리가 민망할 만큼 도무지 예수답지 않다. 예수는 언제나 유대교 체제에 의해 소외되거나 배제되는 사람의 편에 섰으며 소수자 여성의 편이었으며 아이들 현실에 각별했다. 그러니까 이 장면은 예수의 그런 여러 가지 각별함이 한 번에 드러날 만하다. 그런데 예수는 각별한 모습은커녕 가부장적 권위의식과 배타적인 선민의식에 빠진 여느 유다 남성과 다름없이, 아니 그보다 더 흉하게 행동한다. 대체 어찌된 일일까?

그러나 이방인 여성은 매우 정중하게 그러나 매우 단호하게 예수의 말을 반박한다. 이 여성의 정중함엔 예수에 대한 존경심과 제 아이에 대한 지극한 마음이, 단호함엔 어떤 경우에도 이치를 벗어나지 않으려는 품위 있는 삶의 태도가 담겨 있다. 예수는 제자들과 사람들 앞이라 몹시 민망했을 만하다. 그러나 예수는 '마치 기다렸다는 듯' 자신의 잘못을 인정하고 태도를 바꾼다. 예수는 정말 실수를 했던 것일까?

예수도 사람이니 당연히 그럴 수도 있을 것이다. 그러나 우리는 예수가 '마치 기다렸다는 듯' 태도를 바꾸는 데서 예수의 행동이 처음부터 계획된 것이었음을 알아차릴 수 있다. 예수의 예수답지 않은 행동은 실은 진의가 아니라 지켜보는 제자들과 주위 사람들(남성들)을 가르치기 위한 '교훈극'인 것이다. 여전히 가부장적 권위의식과 배타적인 선민의식을 버리지 못한 그들은 이방인 여성의 행동에 속이 부글부글 끓지만 예수 앞이라 눌러 참는다. 예수는 조상 대대로 이어져 온, 그리고 뱃속에서부터 길러져 돌처럼 단단해진 그들의 닫힌 마음을 열어젖힐 절호의 기회라 생각하고 짐짓 그들의 마음을 그대로 표현해 본다. 그리고 그 여성에게서 기다렸던 반응이 나오자 내심 무릎을 치며 항복하는 것이다. 예수는 망신을 당하고도 흐뭇해하지만 그제야 예수의 '익살스러운 교훈극'을 알아차린 제자들과 주위 사람들은 얼굴이 화끈거린다.

31 그리고 다시 띠로 지방을 떠나 시돈을 거쳐 갈릴래아 호수로, 데카폴리스 지방 한가운데로 가셨다. 32 그런데 사람들이 귀먹은 반벙어리 하나를 그분께 데리고 와서 그에게 손을 얹어 주십사고 빌었다. 33 그러자 예수께서는 그를 군중으로부터 따로 데리고 가서 당신 손가락을 그의 두 귀에 넣으시고 침을 뱉어 그의 혀를 만지셨다. 34 또한 하늘을 우러러보시고 한숨을 쉬시며 그에게 "에파타", 즉 "열려라"라고 하셨다. 35 그러자 [즉시] 그의 귀가 열리고

그의 굳은 혀도 풀렸다. 그래서 그는 제대로 말했다.
36 예수께서는 (이 일을) 어느 누구에게도 말하지 말라고
그들에게 명하셨다. 그러나 그들에게 명하실수록 그들은
더욱더 선전했다. 37 그들은 매우 놀라서 말하기를 "그분이
모든 것을 좋게 하셨다. 저 귀머거리들은 듣게 하시고 [저]
벙어리들은 말을 하게 하셨다"고 했다.

예수는 여전히 자신의 이적이 사람들에게 알려지길 바라지
않는다. 이적은 어디까지나 마음의 귀가 열린 사람에게
준비된 하느님의 선물일 뿐인데 이적을 내세우거나 그걸
빌미로 하느님의 나라를 전하는 건 하느님의 뜻을 왜곡하는
일이 된다. 그것은 역사 속에서 하고많은 종교 흥행사들,
하느님 나라를 내세워 실은 제 개인의 욕망을 구현하려는
자들이나 하는 짓이다. 그러나 순진한 인민들은 이적의
놀라움과 기쁨을 널리 전한다. 그 소식을 들은 사람들은
이적의 참뜻보다는 이적 자체에 관심을 갖고, 지혜가 없는
순진함은 예수의 의도를 자꾸만 뒤집는다. 예수는 이적을
알리지 말 것을 사람들에게 거듭 요청한다.

제 8 장

1 그 무렵 다시 큰 군중이 있었는데 그들은 먹을 것이 없었다. 예수께서는 제자들을 가까이 불러 그들에게 말씀하셨다. 2 "군중이 측은합니다. 그들이 벌써 사흘 동안이나 내 곁에 있는데 먹을 것이 없기 때문입니다. 3 내가 그들을 굶주린 채 그들 집으로 돌려보낸다면 도중에 지쳐 버릴 것입니다. 더구나 그들 가운데 더러는 먼 데서 왔습니다." 4 그러자 그분의 제자들이 "여기는 외딴 곳인데 어디서 빵을 (구해다가) 이 사람들을 배불리 먹일 수 있겠습니까?" 하고 그분께 대답했다. 5 예수께서 그들에게 "여러분은 빵을 몇 개나 갖고 있습니까?" 하고 물으시자 그들은 "일곱 개 있습니다" 했다. 6 그러자 예수께서는 군중에게 명하여 땅바닥에 자리 잡게 하셨다. 그리고 그분은 빵 일곱 개를 들고 사례하신 다음 떼어 당신 제자들에게 주시면서 나누어주게 하시니 그들이 군중에게 나누어주었다. 7 또한 그들은 작은 물고기 몇 마리를 갖고 있었다. 그런데 그분은 그것을 축복하신 다음 그것도 나누어주라고 말씀하셨다.

8 그래서 그들은 먹고 배가 불렀으며 나머지 조각을 모았더니 일곱 바구니나 되었다. 9 그런데 사람들은 대략 4,000명이었다. 그리고 그들을 돌려보내셨다. 10 그리고 즉시 당신 제자들과 함께 배를 타고 달마누타 지방으로 가셨다.

'오병이어' 이적에 이은 '칠병이어' 이적이다. "사람들은 대략 4,000명"이라고 적혔는데 「마태오복음」의 병행 구절에는 "여자들과 어린이들 외에 장정만도 4,000명"(마태 15:38)이라고 적혀 있다. 정리하면 '사람'은 곧 남자를 말하며 여자와 아이는 사람이 아니라는 것이다. 이런 사고방식은 당시 일반적이었다. 이스라엘 남자들의 기도엔 '여자로 태어나지 않게 해 주심'에 대한 감사가 들어 있었으며, 여성들은 스스로 남자보다 열등하며 남자를 보조하기 위한 존재라 생각했다. 아이는 아직 인간으로 여겨지지 않았다. 여성과 아동 인권에 익숙한 우리가 보기에 어처구니없는 차별이지만, 그런 의식이 아예 없는 그들에겐 차별이 아니라 자연스럽고 당연한 것일 뿐이다. 언젠가 오랜 시간이 지나 사람이든 짐승이든 모든 생명을 똑같이 존중하는 사고가 일반화한다면, 그 시대 사람들에겐 오늘 우리가 길거리의 개를 사람과 달리 대하는 것이 차별로 보이겠지만 오늘 우리에겐 그런 태도가 자연스럽고 당연한 것과 마찬가지이리라.

"여성과 아동 인권에 익숙한 우리"라고 했지만 오늘 인류 전체를 놓고 보면 여전히 여성과 아동 인권에 대해 무지하거나 알더라도 익숙하지 않은 사람들이 훨씬 더 많다. 예수의 행동과, 그 행동에서 보이는 그의 의식이 얼마나 경이로운 것인지 우리는 한 번 더 되새길 수 있다.

11 바리사이들이 나와서는 예수께 시비를 걸기 시작했다. 그분을 시험하려고 그분께 하늘에서의 표징을 요구했던 것이다. 12 그러자 예수께서는 당신 영으로 한숨을 쉬시며 "어찌하여 이 세대가 표징을 요구하는가? 진실히 여러분에게 말하거니와, 맹세코 이 세대에게 표징이 주어지지 않을 것입니다" 하셨다. 13 그러고는 그들을 버려둔 채 다시 (배를) 타고 건너편으로 떠나가셨다.

예수는 목숨이 달린 상황에서도 그저 잠자코 있는가 하면(15:1~5) 때론 지나치다 싶을 만치 논쟁을 감행하기도 한다. 얼핏 상반된 두 가지 행동을 구분하는 기준은 문제가 자신에 대한 것인지, 아니면 자신이 하고 있는 활동, 즉 하느님의 나라에 관한 것인지다. 바리사이파들의 요구는 전자에 해당한다. '네가 그리 대단한 인물이면 기적을 일으켜

봐라.' 예수는 그저 탄식할 뿐이다. "이 세대"란 마음의 눈과 귀가 닫힌 시대의 사람들이다. 그런 사람들에게 아무것도 보여 줄 게 없다. 「마태오복음」의 병행 구절에서 예수는 말한다. "저녁때가 되면 '날씨가 맑겠구나, 하늘이 붉으니' 하고 아침에는 '오늘은 날씨가 궂겠구나, 하늘이 붉고 흐리니' 하고 여러분은 말합니다. 여러분은 하늘의 징조는 분별할 줄 알면서 시대의 표징들은 구별하지 못합니까?"(마태 16:2~3) 자연의 변화를 잘 살펴보면 날씨를 예측할 수 있었다. 마찬가지로 사회적 변화도 아무런 개연성 없이 갑자기 나타나는 게 아니라 반드시 인과관계를 갖는다. 흔히 말하는 '갑작스런 사회 변화'란 대개 그 인과관계를 제대로 살피지 못한 사람들의 너스레일 뿐이다. 대개의 사람들은 일어난 사회적 상황을 해석할 줄은 알지만 미래의 상황을 예측하진 못한다. 그래서 늘 사회에 대해 떠들고 행동하지만 어떤 의미 있는 사회적 변화도 얻지 못하는 것이다. 예수는 바로 그런 이치로 바리사이인들을 힐난한다. '날씨는 알아차리면서 왜 시대의 변화는 알아차리지 못하느냐?' 예수는 바로 우리를 힐난한다.

14 그런데 (제자들은) 빵을 갖고 오는 것을 잊었다. 그래서 배 안에 있는 그들에게는 빵이 한 개밖에 없었다. 15 그런데 예수께서는 그들에게 엄명하여 "주의하시오, 바리사이들의

누룩과 헤로데의 누룩을 조심하시오" 하셨다. 16 그러자 그들은 "우리한테 빵이 없다" 하고 서로 수군거렸다. 17 예수께서는 알아차리시고 그들에게 말씀하셨다. "여러분에게 빵이 없다고 해서 왜 수군거립니까? 아직도 알아듣지도 못하고 깨닫지도 못합니까? 여러분의 마음은 (그렇게도) 둔합니까? 18 여러분은 눈이 있어도 보지 못하고 귀가 있어도 듣지 못합니까? 기억하지 못합니까? 19 내가 5,000명을 위해서 빵 다섯 개를 떼었을 때 빵조각으로 가득 찬 광주리를 몇이나 모았습니까?" 그들은 그분께 "열둘입니다" 했다. 20 "내가 4,000명을 위해서 (빵) 일곱 개를 (떼었을 때는) 몇 바구니나 빵조각을 가득히 모았습니까?" 그러니 그들은 [그분께] "일곱입니다" 했다. 21 그러자 그들에게 "여러분은 아직도 깨닫지 못합니까?" 하셨다.

유다 사회에서 '누룩'이라는 말은 뭔가 부풀려진 것, 사람을 현혹하는 진실하지 못한 것을 표현할 때 쓰였다. "바리사이들의 누룩과 헤로데의 누룩"이라 적혀 있지만 「마태오복음」에는 "바리사이들과 사두가이들의 누룩"(마태 16:6)이라 되어 있다. 예수는 유다 지배체제를 말하는 것이다. 그런데 예수는 '주의하라'고 말한다. 제자들이 얼마간 그 "누룩"에 끌리고 있다는 뜻이다. 예수를 따르는

사람들 가운데 사두가이파나 헤로데에 호감을 가진
사람은 없었을 것이다. 어지간한 이스라엘 사람이라면
적대감을 갖는 그들에게 끌린다는 건 그저 배신을 뜻한다.
그러나 바리사이파의 경우는 다르다. 예수가 그들과
자꾸만 부딪치고 갈등했고 결국 그들도 예수를 죽이기로
마음먹게까지 되었지만 제자들은 내심 갈등이 있을 수밖에
없었다. 여느 인민들과 마찬가지로 바리사이인들의 '좀더
현실성 있는' 노선을 완전히 배격하지 못하면서 스승의
바리사이파에 대한 '지나친 적의'를 전적으로 수긍하지
못하는 상태였기 때문이다. 예수는 그런 맥락에서 "누룩을
조심하시오"라고 말하는데 제자들은 엉뚱하게도 "빵이
없다"라고 말한다. 예수는 답답한 심정을 숨기지 않는다.
오죽 답답했으면 오병이어, 칠병이어의 이적을 스스로
재환기하기까지 한다. 스승을 이토록 구차하게 만들다니 참
한심한 제자들이다.

많은 학자들은 제자들의 이런 아둔함이 초기 기독교와
유대교 사이의 갈등과 관련이 있다고 말하기도 한다.
기독교는 처음부터 독자적인 종교로 출발한 게 아니라
유대교의 한 소속 집단으로 출발했다. 기독교가 점차
성장해 가면서 자연스레 유대교와 경쟁과 갈등이 생길
수밖에 없었다. 그리고 바울의 활약으로 점차 팔레스타인을

넘어 지중해 전역으로 뻗어 나갔다. 그 과정에서의 경쟁과 갈등이 기독교의 유다인에 대한 반감을 만들었고 제자들을 믿기 어려울 만치 아둔하고 한심한 사람들로 그리게 했다는 것이다. 개연성 있는 이야기고 당연히 그런 면이 있었겠지만, 제자들이 예수의 말을 못 알아듣는 더 큰 이유는 예수가 이루려는 것과 제자들이 예수에게 바라는 것이 너무나 달랐기 때문이다. 그 다름은 처음엔 불거지지 않았지만 활동이 무르익을수록 커지는데, 예수의 말을 제자들이 알아듣지 못하는 모습으로 나타난다.

22 그리고 그들은 베싸이다로 갔다. 그런데 사람들이 그분께 소경을 데리고 와서 그를 만져 주십사고 그분께 간청했다. 23 그러자 예수께서는 소경의 손을 잡아 마을 밖으로 그를 데리고 나가서 그의 눈에 침을 뱉고 그에게 손을 얹으신 다음 "무엇이 보입니까?" 하고 그에게 물으셨다. 24 그러자 그는 쳐다보면서 "사람들이 보입니다. 나무 같은 것이 걸어다니는 게 보이니까요" 했다. 25 그 다음 예수께서는 다시 그의 눈에 손을 얹으셨다. 그러자 그는 똑똑히 보게 되었다. 그는 성해져 모든 것을 환히 보게 되었던 것이다. 26 그리고 예수께서는 그를 제집으로 보내면서 "마을로 들어가지 마시오" 하셨다.

인권을 잃고 공동체에서 배제된 병자들을 해방시키는 예수의 활동은 계속된다. 침을 사용하는 걸 예수만의 특별한 행위라 생각할 건 없다. 침은 물, 피, 술, 기름 따위와 더불어 중요한 약품에 속했다.(7:33) 침에 살균과 염증 치료에 도움을 주는 성분이 있다는 건 과학적으로도 밝혀진 일이며, 제3세계의 민간요법에선 여전히 침이 많이 사용된다.

27 그리고 예수와 그분의 제자들은 필립보의 가이사리아 (근처) 마을들을 향하여 떠나갔다. 그런데 그분은 길에서 당신 제자들에게 물어 "사람들이 나를 누구라고 합디까?" 하고 그들에게 말씀하셨다. 28 그러자 그들이 그분에게 "요한 세례자라고도 하고, 다른 이들은 엘리야라고도 하며 또 다른 이들은 예언자들 중 한 분이라고도 합니다" 했다. 29 그랬더니 그분이 그들에게 "그러면 여러분은 나를 누구라고 하겠습니까?" 하고 물으시니 베드로가 대답하여 "당신은 그리스도이십니다" 하고 그분에게 말했다. 30 그러자 그분은 당신 이야기를 아무에게도 하지 말라고 그들을 나무라셨다. 31 그리고 예수께서는 그들을 가르치기 시작하셨으니, 곧 인자는 마땅히 많은 고난을 겪고 원로들과 대제관들과 율사들에게 버림을 받아 죽임을 당했다가 사흘 후에 다시 살아나야 한다는 것이었다. 32 그분은 명백히 이 말씀을 하셨다. 그러자 베드로는 그분을 끌어당기며 그분을

나무라기 시작했다. 33 그러니까 예수께서는 돌아서서 당신의 제자들을 보시면서 베드로를 나무라며 "내 뒤로 물러가라, 사탄아, 하느님의 일은 생각하지 않고 사람들의 일만 생각하는구나" 하셨다. 34 그리고서는 당신의 제자들과 함께 군중을 불러 놓고 그들에게 말씀하셨다. "어느 누가 내 뒤를 따르려면 자기 자신을 부인하고 그 십자가를 지고 나를 따라야 합니다.

베드로는 예수를 "그리스도"라 말한다. 그러나 앞서 말했듯(1:1 강독 부분) 여기서 그리스도란 오늘 우리가 알고 있는 기독교 교리에서의 그리스도, 즉 '하느님의 아들로서 인간의 몸으로 살다가 십자가에 달려 죽음으로써 우리의 죄를 대속한, 그래서 그를 믿기만 하면 구원받는' 그 그리스도가 아니다. 아직은 기독교가 출발조차 하지 않은 시점이라는 걸 기억해야 한다. 여기에서 그리스도라는 말은 당시 대개의 유다인들이 믿던 그리스도, 즉 히브리어로 '메시아'를 가리킨다. 메시아란 이스라엘을 이방인의 압제에서 구원하고 야훼 신정을 회복하여 이스라엘 황금기의 영광을 되찾아 주리라고 예언된 유다의 왕이다.

예수의 수난 예고에 포함된 부활 이야기는 「마르코복음」을 지은 사람들의 부활 신앙이 예수의 대사에 보태어진 것으로 보인다. 설사 예수가 부활에 대해 실제로 언급했다고 하더라도 달라질 것은 없다. 예수가 왕이 될 거라는 기대에 차 있는 베드로는 "사흘 후에 다시 살아나야 한다"는 이야기는 안중에도 없기 때문이다. 베드로는 오로지 '수난당하고 죽는다'는 말에만 집중하여 반발한다. 예수는 온갖 고락을 같이해 온 맏제자를 "사탄"이라 부르며 불같이 화를 낸다. 예수와 제자들의 다름, 즉 예수가 이루려는 것과 제자들이 예수에게 바라는 것의 다름이 드디어 불꽃 튀기며 부딪치는 순간이다. 예수는 제자들에게 작정한 듯 자신의 생각을 분명히 밝힌다. "자기 자신을 부인하고 그 십자가를 지고 나를 따라야 합니다." 즉 죽음의 길이라는, 죽을 각오를 하라는 이야기다.

예수는 왜 제자들이 대망하던 메시아의 길을 거부했을까? 어떤 학자들은 예수가 강력한 로마 제국과 무력으로 싸우는 일이 괜한 희생만 치르는 부질없는 일이라 생각했기 때문이라고 말하기도 한다. 그러나 예수의 관심이 이스라엘 민족이 아니라 그 민족 안에서 고통받는 인민들임을 생각한다면 그런 이야기는 매우 빗나간 것이다. 설사 제자들의 소망대로 메시아가 되어 무장 항쟁을 벌여 로마와 괴뢰세력을 물리치고 다윗 왕과 같은 유다 신정체제를 세운다고 하자. 경건한 사람들, 먹고살 만한 사람들에겐 진정

세상이 달라지는 것이 분명하지만, 고통받는 인민들에겐
뭐가 달라지는가? 그들의 처지에선 억압과 착취의 주체가
로마에서 유다 정부로 바뀌는 것 말고는 아무것도 달라지는
게 없다. 예수는 여느 이스라엘 사람들과 마찬가지로
이스라엘이 로마 지배에서 해방되길 당연히 바랐지만 그
해방이 진정한 해방이라고는 생각하지 않았다. 예수는 그런
해방을 목표로 하지 않았다. 예수에게 해방은 이스라엘의
해방이 아니라 그 이스라엘 안에서 인권을 잃고 고통스럽게
살아가는 인민들의 삶이 변화하는 데서 출발하는 것이었다.

예수는 요즘 말로 '계급적 관점'을 가진 셈이다. 사실
그런 관점은 계급이라는 개념이 일반화한 오늘 세상에서도
일반적이지 않다. 어느 시대 어느 사회에서나 지배계급은
인민들로 하여금 세상을 계급으로 나누어 보지 못하게 하려,
세상을 민족이나 국가 단위로 뭉뚱그려 보게 하려 애쓴다.
'하느님의 이스라엘 민족', '위대한 로마', '자랑스러운
대한민국' 따위로. 그래야만 그 민족이나 국가 안에서 계급
간의 억압과 착취를 숨길 수 있다. 예수가 살던 세상엔
아예 계급이라는 개념조차 없었다. 그런데 예수는 어떻게
그런 관점을 가질 수 있었을까? 예수는 우리로 하여금
개념이 삶을 만든 게 아니라 삶이 개념을 만들었다는
사실을 되새기게 한다. 사실, 개념이란 우리 삶과 세계에서

관찰하고 발견한 이치를 표현하는 언어적 약속일 뿐, 그
개념이 지시하는 내용 자체는 아니다. 물론 개념이 그 내용을
설명하고 이해하는 걸 효율적으로 만들어 주기도 한다.
그러나 오늘 어설픈 인문주의자들에게서 보듯 개념이 곧
개념이 지시하는 내용 자체인 양 오해하여, 그 개념이 다시
우리 삶의 내용으로 이어지지 못하고 개념의 체계에서만
관념적으로 작동하는 경우도 종종 있다. 인간과 세상에 대한
참으로 절절한 마음이 있다면, 개념이 없이도 혹은 개념을
몰라도 그 개념이 지시하는 내용에 이미 충만할 수 있음을
예수는 보여 준다.

35 사실 제 목숨을 구하려는 사람은 목숨을 잃을 것이요,
[나와] 복음 때문에 제 목숨을 잃는 사람은 목숨을 구할
것입니다. 36 사실 세상을 다 벌어들인다 해도 제 목숨에
손해를 본다면 사람에게 무슨 이득이 있겠습니까?
37 사실 사람이 제 목숨을 되찾는 대가로 무엇을 내놓을 수
있겠습니까? 38 사실 간음하고 죄짓는 이 세대에서 어느
누가 나와 내 말을 부끄럽게 여기면 인자도 자기 아버지의
영광에 싸여 거룩한 천사들과 함께 오게 될 때 그를 부끄럽게
여길 것입니다."

'목숨을 구하려는 사람은 목숨을 잃을 것이요, 목숨을 잃는

사람은 목숨을 구할 것'이라 말한 예수는 바로 뒤이어 '목숨은 온 세상과도 바꿀 수 없는' 것이라고 말한다. 얼핏 앞뒤가 안 맞는 이 말은 대체 무슨 뜻인가? 예수는 사람에게 두 가지 목숨이 있음을 말하고 있다. 물론 예수는 육체의 목숨을 아무런 가치 없는 것이라 말하시는 않지만, 대개의 사람들이 그러하듯 육체의 목숨이 전부인 줄 알고 집착할 때 진정한 목숨을 잃는다고 말한다. 오히려 육체의 목숨에 대한 집착을 버릴 때, 자신의 십자가를 지고 하느님 나라를 만드는 일에 나설 때 진정한 목숨을 얻을 수 있다고 말한다.

제 9 장

1 그리고 그들에게 말씀하셨다. "진실히 여러분에게 말하거니와, 여기 서 있는 사람들 가운데는 하느님의 나라가 힘차게 오는 것을 볼 때까지 죽음을 맛보지 않을 사람들이 있습니다."

「마태오복음」의 병행 구절은 이렇다. "진실히 여러분에게 말하거니와, 여기 서 있는 사람들 가운데는 인자가 자기 나라에 오는 것을 볼 때까지 죽음을 맛보지 않을 사람들이 있습니다."(마태 16:28) 기독교가 종교적으로 발전해 가면서 예수에 대한, 혹은 예수의 말과 행동에 대한 신학적 첨가도 늘어 간다. 「마르코복음」과 「마태오복음」의 차이에서 우리는 본디 예수의 말과 「마르코복음」의 차이 또한 짐작할 수 있다. 물론 그런 차이는 「마르코복음」의 모든 내용에 나타나는 게 아니라 초기 기독교인들의 신학과 교리의 발전과 관련한 부분에서 나타난다. 기독교에 대한 탄압이 갈수록 극심해지고 팔레스타인에선 예루살렘 성전이 파괴되어 갔다.

아무런 희망이 안 보이는 이런 캄캄한 현실 속에서 그들은 곧 하느님이 세상을 끝장낸다는 종말론적인 신앙을 가지게 되었으며 그 신앙이 예수의 대사에 반영되었다.

그러나 이렇게 '반영'된 부분을 빌미로 복음서의 서술을 싸잡아 불신할 건 없다. '반영'을 파악하면 '반영 이전'도 정확하게 파악할 수 있기 때문이다. 사실 그런 노력은 전혀 특별한 게 아니다. 우리는 2,000년 전 이야기가 아닌 지금 일상 속에서도 늘 그런 노력을 한다. 이를테면 우리는 어떤 사람에게서 어딘가 모호한 말을 들을 때 그 말의 진의를 파악하기 위해 그 사람이 그 말을 하는 맥락과 배경을 파악하려 하곤 한다.

2 그리고 엿새 후에 예수께서는 베드로와 야고보와 요한을 데리고, 그들만을 따로 높은 산으로 이끌고 올라가셨다. 그러고서는 그들 앞에서 모습이 변하셨다. 3 그런데 그분의 옷은 땅에 있는 어떤 마전상이도 그렇게 희게 할 수 없을 만큼 새하얗게 빛났다. 4 그리고 엘리야가 모세와 함께 그들에게 나타나서 예수와 이야기를 나누고 있었다.
5 그러니까 베드로가 대답하여 예수께 "랍비, 저희가 여기서 지내면 좋겠습니다. 그러니 저희가 초막 셋을 지어 하나는 당신에게, 하나는 모세에게, 하나는 엘리야에게

드리겠습니다" 했다. 6 사실 베드로는 무슨 말을 해야 할지
몰랐다. 사실 제자들은 겁에 질려 있었다. 7 그런데 구름이
일어 그들을 감싸고 그 구름에서 소리가 났다. "이는 내
사랑하는 아들이니, 너희는 그의 말을 들어라." 8 그들이 곧
둘러보았으나 이제 아무도 없고 자기네 곁에 예수만 보였다.

"엿새"라는 말은 '6일'이라는 기간의 뜻 말고도 예수가
하느님의 언약을 받는 장면을 모세가 하느님의 언약을
받은 장면과 병치시키기 위한 묘사라 할 수 있다. "야훼의
영광이 시나이 산 위에 머물러 있어 구름이 엿새 동안 산을
뒤덮고 있었다. 야훼께서 이레째 되는 날 그 구름 속에서
모세를 부르셨다. 이스라엘 백성들의 눈에는 야훼의
영광이 마치 그 산봉우리를 태우는 불처럼 보였다."(출애
24:16~17) 「마르코복음」에서 이런 '접신' 장면은 두 번이다.
「마르코복음」 첫머리에서 예수가 세례자 요한에게서 세례를
받을 때 하늘에서 들려오는 목소리는 예수 자신이 듣는
것이었다. 그러나 여기에선 세 제자가 함께 그 목소리를
듣는다.

9 그리고 그들이 산에서 내려올 때 그분은 그들에게
명하시어, 인자가 죽은 이들 가운데서 다시 살아날 때까지
그들이 본 것을 아무에게도 이야기하지 말라고 하셨다.

10 그래서 그들은 그 말씀을 지켰지만, 죽은 이들 가운데서 다시 살아나신다는 것이 무엇인지 서로 캐어물었다. 11 그들은 그분께 물어 "왜 율사들은, 엘리야가 먼저 와야 한다고 말합니까?" 했다. 12 그러자 그분은 그들에게 말씀하셨다. "물론 엘리야가 먼저 와서 모든 것을 바로잡아 놓는다구요? 그러면 왜 인자에 대해서 기록되어 있기를 그는 많은 고난을 받고 멸시를 당하리라고 했습니까? 13 사실 여러분에게 말하거니와, 엘리야는 왔으나 그에 대해서 기록되어 있는 바와 같이 사람들은 그를 제멋대로 다루었습니다."

초기 기독교인들과 유다인들 사이에선 예수가 메시아인가를 두고 논쟁이 있었다. 인민들 사이에선 메시아가 오기 전에 엘리야가 먼저 와서 이스라엘 백성을 화해시키고 회복시킨다는 이야기가 널리 퍼져 있었는데, 엘리야가 오지도 않았고 화해하고 회복된 것도 없으니 예수는 메시아가 아니라는 반론이 많았던 것이다. 예수와 율사의 대화는 바로 그 논쟁을 반영한 것으로 보인다. 예수는 엘리야가 이미 왔다고, 요한이 바로 엘리야였다고 말한다.

14 그리고 (예수 일행이) 제자들에게로 가서 보니 많은 군중이 제자들을 둘러서 있었고 율사들이 그들과 시비를 벌이고

있었다. 15 그리고 즉시 군중이 모두 그분을 보고서는 몹시 놀라 달려와서 그분께 인사했다. 16 예수께서는 그들에게 "여러분은 그들과 무슨 시비를 벌이고 있습니까?" 하고 물으셨다. 17 그러자 군중 가운데서 한 사람이 그분께 대답했다. "선생님, 제 아들이 말 못하게 하는 영이 들려서 당신께 데려왔습니다. 18 어디서고 영이 그를 사로잡으면 거꾸러뜨립니다. 그러면 그는 거품을 내뿜고 이를 갈며 뻣뻣해집니다. 그래서 그놈을 내쫓아 달라고 당신 제자들에게 말했으나, 그들은 못했습니다." 19 그러자 예수께서는 그들에게 대답하여, "아, 믿음이 없는 세대로다. 내가 언제까지나 여러분과 함께 있어야 한단 말이오? 언제까지나 여러분에게 시달려야 한단 말이오? 그를 내게 데려오시오" 하셨다. 20 그러자 사람들이 그를 그분께 데려왔다. 그런데 영이 그분을 보자 즉시 그에게 발작을 일으켜서 그는 땅에 넘어져 거품을 내뿜으며 뒹굴었다. 21 그러자 예수께서는 그 아버지에게 "그가 이렇게 된 지 얼마나 되었소?" 하고 물으시자 그는 "어릴 때부터입니다. 22 영이 여러 번에 걸쳐 그를 불속이나 물속에 던져 그를 죽이려 했습니다. 무엇인가 하실 수 있다면 저희를 측은히 여기시어 저희를 도와주십시오" 했다. 23 그러자 예수께서는 그에게 "'하실 수 있다면'이라고요? 믿는 사람에게는 모든 게 가능합니다" 하셨다. 24 즉시 어린이 아버지는 외쳐

"믿습니다. 제 믿음이 부족하오니 도와주십시오" 하고 말했다. 25 그러자 예수께서는 군중이 떼 지어 달려오는 것을 보시고 더러운 영을 꾸짖으시며 그에게 "말 못하게 하고 듣지 못하게 하는 영아, 네게 명하노니, 그에게서 나가 이제 다시는 그에게 들어가지 말라" 하셨다. 26 그러자 영이 외치며 심한 경련을 일으켜 놓고서 나가니 그는 죽은 것같이 되었다. 그래서 많은 사람들이 "죽었다" 하고 말했다. 27 그때 예수께서 그의 손을 잡아 그를 일으키시자 그는 일어섰다. 28 그리고 그분이 집으로 들어가시자 그분 제자들은 따로 그분께 "왜 저희는 그놈을 쫓아낼 수 없었습니까?" 하고 물었다. 29 그러자 그들에게 "이런 부류는 기도가 아니면 그 무슨 수로도 떠나가지 않습니다" 하셨다.

오늘 교회에서 '믿지 않고서는', '기도하지 않고서는'이라는 말은 흔히 하느님에게 '믿습니다' 외치며 무언가를 달라고 떼쓰는 태도로 이어지곤 한다. 교회는 그런 태도를 신도들에게 가르치고 결과적으로 신도들이 교회에 전적으로 매달리도록 만든다. 그러나 앞서 말했듯 믿음이란 일방적인 간구가 아니라 나와 하느님과의 상호 소통이며, 하느님은 힘세고 잘난 사람들 편이 아니라 약하고 보잘것없는 내 편이며 나를 도우실 거라는 확신이다. 그런 작은 힘들의 연대로 새로운 세상을 만들 수 있다는 희망과 충만이다.

믿음의 주체는 '나'이며 기도는 그 믿음을 일상화하며
풍성하게 키우는, 우주의 기운을 불러 모으는 행위다.

예수는 제자들이 병 고치는 능력이 적어서 실망한 게 아니다.
제자들은 어릴 적부터 귀신에 들려 참혹한 삶을 살아온
아이와 그 아비의 고통에 애를 끊는 게 아니라, 또 하느님이
그들의 고통에 함께 아파하고 있음을 믿고 또 그들에게 알려
주며 고치든 못 고치든 온 마음을 다하는 게 아니라, 율사들과
시비나 벌이고 있는 것이다. 예수는 바로 그것에 화를 낸다.
예수는 착잡한 심정으로 다시 한 번 그들에게 굳은 믿음을
가질 것을, 기도할 것을 권유한다.

30 그리고 그들은 거기서 떠나 갈릴래아를 지나갔다. 그런데
예수께서는 알려지는 것을 원치 않으셨다. 31 사실 그분은
당신 제자들을 가르치시며 그들에게 "인자가 사람들의
손에 넘겨지고 사람들은 그를 죽일 것입니다. 그는 죽임을
당했다가 사흘 후에 다시 살아날 것입니다"라고 하셨던
것이다. 32 그런데 그들은 이 말씀을 깨닫지 못하고 또한
그분에게 묻기조차 두려워했다.

예수는 자신이 가려는 길이 영광의 길이 아니라 수난의
길이라는 것을 거듭 강조한다. 이런 강조를 미래에 일어날

일을 예지하는 것쯤으로 이해해선 안 된다. 예수는 미래를
예지하려는 게 아니라 제자들에게 자신이 가려는 길을
좀더 분명히 하고 또 스스로에게 다짐하는 것이다. 그 길을
분명히 할 때 수난과 죽음은 단순한 예지가 아니라 당연한
귀결이 된다. 그러나 마음의 귀가 닫힌 제자들은 예수의 말을
알아듣지 못하고 심지어 알아듣기 위해 노력하는 것조차
두려워한다. 제자들은 예수와 점점 더 비켜난다.

33 그리고 그들은 가파르나움으로 갔다. 그분이 집에 이르러 제자들에게 "여러분은 길에서 무엇 때문에 다투었소?" 하고 물으셨다. 34 그러나 그들은 말이 없었다. 사실 길에서 그들은 누가 제일 큰 사람이냐고 서로 다투었던 것이다. 35 그래서 예수께서는 앉으신 다음 열두 (제자)를 불러 그들에게 "누가 첫째가 되고자 하면 모든 이 가운데서 말째가 되어 모든 이를 섬기는 사람이 되어야 합니다" 하셨다. 36 그러고서는 어린이 하나를 데려다가 그들 가운데 세우시고 그를 껴안으시며 그들에게 말씀하셨다. 37 "내 이름으로 이런 어린이들 가운데 하나를 받아들이는 사람은 나를 받아들이는 것이요, 나를 받아들이는 사람은 나를 받아들이는 것이 아니라 나를 보내신 분을 받아들이는 것입니다."

제자들은 수컷들답게 '누가 높은가'를 두고 다툰다.

예수는 급기야 '어린아이 하나를 받아들이는 게 나를 받아들이며 하느님을 받아들이는 것'이라 말한다. 예수의 말을 '어린아이처럼 순수해야 천국에 간다'쯤으로 해석하는 건 잘못이다. 우선 예수 당시의 사람들은 아이에 대해 오늘 우리와는 전혀 다른 인식을 가지고 있었다. 오늘 대부분의 사회에서 아이는 최우선적으로 보호받고 우대되는, 어른보다 귀한 인간이다. 실제 현실에선 악랄한 아동 착취와 학대가 적잖이 성행하지만 적어도 그런 착취와 학대가 당연하다고 주장하는 사람은 이젠 거의 없다. 먹을 게 모자라는 상황에서 어른만 먹었다거나 위험한 상황에서 아이들을 먼저 구출하지 않는다면 사회적 비난을 받게 된다.

그러나 인류 역사의 대부분에서 아이는 그런 대우를 받지 못했다. '아동기'나 '아동스러움' 같은 개념들이 발견되고 어린이가 성인들과 구별되어 취급되기 시작한 건 근대 이후의 일이다. 서양 중세사회에서 아동기라는 관념은 존재하지 않았으며 성인과 아동이 뚜렷하게 분화되어 있지도 않았다. 그 시대에 가족은 생산과 소비, 생산과 재생산의 통합된 단위였기 때문에 아동은 어려서부터 성인들과 같이 경제활동에 참여하였으며, 가족 안에서도 마찬가지였다. 결국 아이는 그저 '모자란 인간'이었다. 고대사회에서 아동에 대한 사회적 인식은 더욱 보잘것없나. 고대사회에서 아이는 '모자란 인간'이 아니라 '인간의 원재료'에 불과했다. 예수는 그런 의식을 가진 사람들에게 그들의 의식에 기반하여 말하는 것이다. 말하자면 예수는 가장 보잘것없는 사람을 섬기는 일이 곧 가장 숭고한 일이라고 주장하는 것이다.

38 요한이 그분에게 "선생님, 어떤 사람이 당신의 이름으로 귀신들을 쫓아내는 것을 저희가 보고 그를 가로막았습니다. 그가 저희를 따르지 않았기 때문입니다" 했다. 39 그러자 예수께서는 말씀하셨다. "그를 가로막지 마시오. 내 이름으로 기적을 행하고 나서 곧 나를 욕할 수 있는 사람은 아무도 없습니다. 40 사실 우리를 반대하지 않는 사람은 우리를 지지하는 것입니다. 41 사실 여러분이 그리스도께 속한다는 명분으로 여러분에게 물 한 잔을 마시게 하는 사람은, 진실히 여러분에게 말하거니와, 제 보수를 잃지 않을 것입니다."

제자들은 제 스승을 사칭하고 다니는 사람을 가로막았다는 것을 예수에게 유세하듯 말한다. 그런데 예수는 '가로막지 마라'라고 한다. 예수의 태도는 예수의 처지로 볼 때 특별한 것이다. 누구도 자신을 사칭하며 다니는 사람이 달가울 리 없다. 게다가 예수는 동고동락하는 제자들에게서조차 제대로

이해받지 못하고 있다. 좀더 자신을 분명히 하고 이해시켜야
할 처지에 있는 사람이 자신을 사칭하는 사람에게 개방적인
태도를 취하는 이유는 무엇일까?

그것은 역시 예수가 '나'를 넘어섰기 때문이다. 예수에게
내 생각, 내 활동, 내 자존심, 내 명예 따위는 이미 없다.
예수의 관심은 오로지 하나, 하느님 나라 운동이다. 나를
사칭하는 남이라 해도 하느님 나라 운동에 기여한다면
그것은 내가 하는 것과 다를 바 없다는 것이다. 내 이익,
내 재산, 내 권력을 벗어나 이타적이고 헌신적인 삶을
살아가는 사람들조차도 내 명예나 내 자존심을 확인하고
싶은 욕망을 버리긴 어렵다는 점을 고려할 때 예수의 태도는
놀랍다. 그러나 곰곰이 생각해 보면 세상을 변화시킨다는 건
결국 나와 남이라는 구분을 해체하는 것이다. 예수는 바로
그것을 보여 준다. 예수는 나와 남이라는 구분을 해체할 때
세상을 변화시킬 수 있으며, 나에서 벗어날 때 비로소 진정한
나를 찾을 수 있음을 보여 준다.

"우리를 반대하지 않는 사람은 우리를 지지하는 사람"이라는
예수의 말은 세상을 변화시키려는 운동에 임하는 사람들에게
깨우침을 준다. '보수는 부패로 망하고 진보는 분열로
망한다'는 말처럼 세상을 바꾸는 운동엔 언제나 노선

갈등이 존재한다. 물론 운동은 원칙과 신념을 분명히 해야 하기에 어느 정도의 노선 갈등은 운동의 정체성과 역동성을 드러내는 것이기도 하지만, 문제는 그 갈등에 운동하는 사람들의 시기나 질투, 아집, 교만 같은 내면적 요소들이 적잖이 스며들어 있다는 것이다.(7:20~23) 그러다 보니 운동은 필요 이상으로 분열하고 또 필요 이상으로 배타적인 태도를 갖는 경향이 있다. 노선이 다른 동지를 적보다 더 미워하는 풍경이 횡행하는 것이다. "우리를 반대하지 않는 사람은 우리를 지지하는 사람"이라는 말은 그런 문제들을 성찰하고 뛰어넘으라는 가르침이라 할 수 있다.

42 "그리고 [나를] 믿는 이 작은 이들 가운데 하나를 걸려 넘어지게 하는 사람은 그 목에 나귀가 돌리는 연자매를 매단 채 바다에 던져지는 편이 오히려 그를 위해 낫습니다. 43 또한 당신의 손이 당신을 넘어지게 하거든 그것을 찍어 버리시오. 당신이 두 손을 가지고 지옥으로, 그 꺼지지 않는 불속으로 들어가는 것보다는 불구자로서 생명으로 들어가는 편이 낫습니다. (44)[4] 45 그리고 당신의 발이 당신을 넘어지게 하거든 그것을 찍어 버리시오. 당신이 두 발을 가지고 지옥에 던져지는 것보다는 절름발이로서 생명으로 들어가는 편이

---

4   어떤 사본에는 44절과 46절에 48절과 같은 말이 있다.

낫습니다. (46) 47 또한 당신의 눈이 당신을 넘어지게 하거든 그것을 (빼어) 던지시오. 당신이 두 눈을 가지고 지옥에 던져지는 것보다는 애꾸눈으로 하느님 나라로 들어가는 편이 낫습니다. 48 지옥에서는 그들의 구더기도 죽지 않고 불도 꺼지지 않습니다." 49 "모두 불로 소금절이가 될 것입니다. 50 소금은 좋습니다. 그러나 소금이 짠맛을 잃는다면 무엇으로 그것을 제맛이 나게 하겠습니까? 여러분은 여러분 안에 소금을 간직하고 서로 평화롭게 지내시오."

예수는 전에 없이 단호한 어조로 말한다. 예수는 내 손이나 발이나 눈을 잘라 버리거나 빼고라도 하느님 나라 운동에 참여하는 게 그런 걸 간직하면서 참여하지 않는 것보다 낫다고 말한다. 우리가 삶의 어떤 지점에서 참으로 올바르고 소중한 선택을 할 때 아무것도 잃거나 포기할 게 없다면 누가 그 선택을 피하겠는가? 그런 선택엔 언제나 손이나 발이나 눈 같은, 혹은 그런 것들로 비유되는 중요한 것들, 이를테면 경제적 안정이나 세속적 명예나 기득권, 혹은 친구와의 우정이나 가족과의 화목 같은 것들을 일부든 전부든 포기하는 일이 수반되기 마련이다. 그래서 그런 선택이 올바르고 소중하다는 걸 아는 사람은 많지만 정작 그런 선택을 하는 사람은 언제나 적다. 그런데 예수는 그래도 그런 선택이 '낫다'고 말한다. 예수는 그런 선택이 올바르고 소중한 것이기에 우리 삶에 손해이더라도 해야 한다고 말하는 게 아니라, 그런 선택이 우리 삶에 손해처럼 보이지만 실은 훨씬 낫다고, 이득이라고 말한다.

제 10 장

1 그리고 그분이 거기서 떠나 유다 지방으로 [또한] 요르단 강 건너편으로 가시자 다시 군중이 그분께 모여 왔다. 그러자 늘 하시던 대로 다시 그들을 가르치셨다. 2 그런데 [바리사이들이 다가와서] 그분을 시험하려고 "남편이 아내를 버려도 됩니까?" 하고 그분께 물었다. 3 그러자 예수께서는 그들에게 대답하여 "모세가 여러분에게 어떻게 명했습니까?" 하셨다. 4 그러니까 그들은 "이혼장을 써 주고 (아내를) 버리는 것을 모세는 허락했습니다" 했다. 5 그러자 예수께서는 그들에게 말씀하셨다. "모세는 여러분의 완고한 마음 때문에 여러분에게 이 계명을 써 놓았습니다. 6 그러나 하느님께서는 창조 시초부터 그들을 남자와 여자로 만드셨습니다. 7 그러므로 사람이 자기 아버지와 어머니를 떠나 [자기 아내와 합하여] 8 그 둘은 한 몸이 될 것입니다. 따라서 그들은 이미 둘이 아니라 한 몸입니다. 9 그러므로 하느님이 짝지어 주신 것을 사람이 갈라놓아서는 안 됩니다." 10 그리고 집에서 다시 제자들이 그것에 대하여 그분께

물었다. 11 그러자 그들에게 말씀하셨다. "자기 아내를 버리고 다른 여자와 결혼하는 사람은 그를 상대로 간음하는 것입니다. 12 또한 아내가 자기 남편을 버리고 다른 남자와 결혼해도 간음하는 것입니다."

이 이야기는 예수가 중립적이고 무작정하게 결혼 제도의 신성함을 주장했다는 식으로 해석되곤 한다. 그러나 예수가 말하려는 건 결혼의 무조건적 신성함이 아니라 오히려 결혼 제도의 비인간성이다. 예수 당시 팔레스타인 사회에서 여자는 남자의 소유물로 여겨졌으며 남자들은 이혼장만 써 주면 언제든 쉽게 이혼할 수 있었다. 여자들은 이혼하는 게 아니라 단지 이혼당했다. 이혼당한 여성은 단지 남편에게서만 버려지는 게 아니라 사회적으로도 완전히 버려졌다. 이혼의 책임은 여자에게 지워졌으므로 이혼당한 여성은 죄인 취급을 받았고 제대로 된 경제활동을 할 수 없었기에 삶의 나락에 떨어질 수밖에 없었다. 예수는 바로 그런 현실을 배경으로 말한다. 만일 예수가 오늘 결혼이라는 제도의 굴레에 갇혀 혹은 그 굴레에 힘입어 사랑도 존경도 없이 오로지 이해관계의 일치를 기반으로 살아가는 중산층 부부들 앞에서 '결혼의 신성함'에 대해 질문을 받았다면 오히려 그 '결혼의 신성함'이라는 말의 허울을 벗기려 했을 것이다.

예수는 "자기 아내를 버리고 다른 여자와 결혼하는 사람은 그를 상대로 간음하는 것"이라고 말한 다음 그 반대의 경우도 말한다. "또한 아내가 자기 남편을 버리고 다른 남자와 결혼해도 간음하는 것입니다." 그러나 뒤의 경우는 당시 현실에서는 아주 드물었기에 같은 비중으로 말하려 한 것이기보다는 자신의 말이 아무런 치우침이 없는 공평무사한 것임을 강조함으로써 사람들(물론 남성들)이 군소리를 못하게 하려는 것이다. 이렇게 예수는 우리로 하여금 약자의 편에 선다는 것이 유별나고 특별한 행동이 아니라 '단지 당연한 공평함을 회복하려는 노력'일 뿐이라는 사실을 되새기게 한다.

13 그리고 어린이들을 어루만지시게 하려고 사람들이 그들을 예수께 데리고 왔다. 그러자 제자들은 저들을 나무랐다. 14 그러나 예수께서는 보시고 언짢아하시며 그들에게 말씀하셨다. "어린이들이 내게 오도록 그대로 두시오. 그들을 가로막지 마시오. 사실 하느님의 나라는 이런 이들의 것입니다. 15 진실히 여러분에게 말하거니와, 어린이처럼 하느님 나라를 받아들이지 않는 사람은 결코 그곳으로 들어가지 못할 것입니다." 16 그러고서는 그들을 껴안으시고 그들에게 손을 얹어 축복하셨다.

오늘 세상에선 사람들 앞에서 어린아이를 귀하게 여기는 시늉이야 속물 정치인도 하는 짓이지만, 예수 당시에 존경받는 선생에게 어린아이를 데려와 어루만지게 한다는 건 대단히 무례한 행동일 수 있었다. 그러나 예수는 그 '무례한 행동'을 나무라는 제자들에게 오히려 핀잔을 준다. 심지어 아이들이 하느님 나라에 가장 걸맞은 인간들이라고 말한다. 이것은 단지 아동 인권의 차원, 즉 아이가 어른에게서 보호받고 존중받아야 한다는 정도를 넘어 아이가 어른보다 오히려 나은 인간이라는 말이다.

예수는 우리에게 귀한 인간, 훌륭한 인간의 기준을 되묻는다. 예수는 귀한 인간, 훌륭한 인간이란 우리가 생각하듯 배운 게 많고 사회적 업적이나 명성이 높은 인간이 아니라 어린아이처럼 마음이 활짝 열려 있는 인간이라고 말한다. 예수는 땅의 기준과 하늘의 기준의 차이를 되새긴다. 이런저런 사회적 관습이나 편견에 물들어 있는 우리가 볼 땐 대단하고 중요한 기준들이 하느님이 보시기엔 아무것도 아닐 수 있다는 것, 우리가 볼 때 하찮고 쓸모없어 보이는 기준들이 하느님이 보시기엔 매우 중요한 기준일 수 있다는 걸 예수는 말한다. 하긴, 하느님이 보실 때 왜 안 그렇겠는가?

우리가 물들어 있는 사회적 관습이나 편견을 걷어 내고

생각해 볼 때 하느님의 기준은 진정한 인간의 기준과 다르지 않음을 우리는 안다. 아직 그런 관습이나 편견의 더께가 앉지 않은 아이들이 어른보다 나은 인간이라는 것도. 예수는 우리에게 사람을 보고 평가하는 기준을 뒤집을 것을 요구한다. 물론 그것은 뒤집는 게 아니라 단지 바로 세우는 것일 뿐이지만.

17 그리고 예수께서 길을 떠나실 때에 한 사람이 달려와서 그분 앞에 무릎을 꿇고 그분께 물었다. "선하신 선생님, 제가 영생을 물려받으려면 무엇을 해야 합니까?" 18 그러자 예수께서는 그에게 말씀하셨다. "왜 나를 선하다고 합니까? 하느님 한 분 외에는 아무도 선하지 않습니다. 19 '살인하지 말라, 간음하지 말라, 도둑질하지 말라, 거짓 증언 하지 말라, 손해 끼치지 말라, 너의 아버지와 어머니를 공경하라'는 계명을 당신은 알고 있을 것입니다." 20 그러시니 그 사람이 그분께 말했다. "선생님, 그런 것은 제가 소년 시절부터 다 지켜 왔습니다." 21 그러자 예수께서는 그를 눈여겨보고 그를 사랑스레 여기시며 그에게 말씀하셨다. "당신에게 한 가지가 부족합니다. 가서 가진 것을 다 팔아 가난한 이들에게 주시오. 그러면 하늘에서 보물을 차지하게 될 것입니다. 그리고 와서 나를 따르시오." 22 그러나 그 사람은 이 말씀 때문에 슬퍼하고 근심하면서 물러갔다. 그는 많은 재산을

가지고 있었던 것이다. 23 그러자 예수께서는 둘러보시면서 당신 제자들에게 말씀하셨다. "재산을 가진 사람들이 하느님 나라에 들어가기가 얼마나 어려운지 모릅니다."
24 제자들은 그분의 말씀을 듣고 몹시 놀랐다. 예수께서는 다시 그들에게 말씀하셨다. "아들들이여, 하느님 나라에 들어가는 것이 얼마나 어려운지 모릅니다. 25 부자가 하느님 나라에 들어가는 것보다는 낙타가 바늘귀로 빠져 나가는 것이 더 쉽습니다." 26 그러자 제자들은 더욱 놀라 서로 말했다. "그렇다면 누가 구원받을 수 있겠는가?" 27 그러나 예수께서는 그들을 눈여겨보면서 말씀하셨다. "사람들은 할 수 없으나 하느님은 그렇지 않습니다. 하느님은 무슨 일이나 다 하실 수 있기 때문입니다."

이 에피소드는 개신교 교회들을 곤혹스럽게 만들어 왔다. 대개 개신교는 중세 가톨릭의 타락에 대항한 종교개혁으로 만들어진 걸로 알려져 있다. 물론 사실이지만 종교개혁의 좀더 중요한 본질은 십자군 이후 봉건사회가 점차 무너지고 상업이 발달하면서 왕과 귀족들을 제치고 서서히 서양 세계의 새로운 주인으로 나타난 도시 상인들, 즉 부르주아들이 왕과 귀족의 교회인 가톨릭 교회에 대항하여 자신들의 이해와 정체성에 맞는 교회를 세운 사건이었다.
말하자면 종교개혁은 자본주의 사회 탄생의 서막이다.

부르주아들의 이념과 정체성을 기반으로 만들어진 개신교가
가톨릭과 비교하여 가장 주요한 차이를 보이는 부분은
역시 '돈'이다. 중세 교회는 실제로는 매우 타락했지만
공식적으로는 돈과 물질적인 부를 영혼을 더럽히는 것이라
여겨 경계하고 죄악시했다. 그러나 개신교는 그런 종래의
관점을 완전히 뒤집어 '돈과 물질도 하느님의 축복'이라
주장했다. 루터와 더불어 가장 중요한 종교개혁가라
일컬어지는 칼뱅은 아예 최초의 자본가 정신을 설파한다.
"사업으로 얻는 소득이 토지 소유로 얻는 소득보다 많아서는
안 되는 이유가 뭔가? 사업가의 이윤이 그 자신의 근면과
성실에서 오는 게 아니라면 대체 어디에서 온단 말인가?"[5]

칼뱅의 주장은 아버지가 누구냐에 따라 일생 동안 부와
신분이 결정되는 봉건사회에 비추어 매우 정당하다. 아무리
능력 있고 성실해도 아버지가 천한 신분이면 천하게 살
수밖에 없는 세상에 대항하여 신분이 아니라 능력과 노력이
사람의 삶을 결정해야 한다고 말하는 건 얼마나 정당한가.

---

5   R. H. 토니, 『종교와 자본주의의 발흥』, 김종철 옮김, 한길사, 1983.

문제는 그렇게 만들어진 자본주의 사회가 과연 그런가, 하는 점이다. 오늘 한국의 평범한 노동자 한 사람이 가장 부자로 손꼽히는 한 재벌 총수의 재산만큼 벌려면 월급을 한 푼도 안 쓰고 꼬박 50만 년을 모아야 한다. 이것은 능력과 노력의 차이가 아니라 뜯어고쳐야 할 '악의 구조'다.

자본주의 사회에서 '정당한 방법'으로 쌓은 부는 사회적으로도 존경받고 교회에서도 하느님의 축복이라 여겨진다. 여기에서 '정당한 방법'이란 '합법적인 방법'을 말한다. 그러나 법이란 한 사회의 지배세력이 자신들의 이해와 정체성을 기반으로 사회 성원들을 강제하기 위해 만든 것이다. '공정한 법'이란 존재하지 않는다. 모든 사회 성원의 이해와 정체성이 완벽하게 하나인 사회가 아니라면, 모든 사회 성원에게 공정한 법은 존재하려 해도 존재할 수 없다. 그래서 법은 어느 탈옥수의 "유전무죄, 무전유죄"라는 말처럼 약하고 가난한 사람의 작은 잘못엔 엄격하지만 힘세고 부자인 사람의 큰 잘못엔 늘 관대하다. 그런 현실에서 부가 능력과 노력의 결과라는 주장이나, 합법적인 방법으로 쌓은 부는 정당하다는 주장은 기만적인 것이다.

그러나 예수는 단지 그런 기만을 지적하는 게 아니라 부 자체에 대해 말한다. "부자가 하느님 나라에 들어가는

것보다는 낙타가 바늘귀로 빠져 나가는 것이 더 쉽"다는
말은 부자가 하느님 나라에 들어가기 어렵다는 말이 아니라
'들어갈 수 없다'는 말이다. 땅의 기준으로 볼 때 이 말은
지나치다. 세상엔 진정 능력과 노력으로 그리고 진정 정당한
방법으로 부자가 된 사람도 있을지 모르니 말이다. 그러나
하늘의 기준에서 이 말은 백번 지당하다.

하느님 앞에선 누구든 귀하다. 흑인이든 백인이든 여성이든
남성이든 아이든 어른이든 장애인이든 비장애인이든 힘없는
사람이든 권력자든 차별 없이 귀하다. 하느님 앞에서 빈부
격차는 그 자체로 악이다. 그런데 빈부 격차란 왜 생기는가?
고루 나눠 갖지 않기 때문에, 남들보다 많이 가진 사람들
때문에 생긴다. 그러므로 하느님 앞에서 부는 능력과 노력의
결과인가 정당한 방법으로 쌓은 것인가와 상관없이 '가난한
사람이 존재하는 한' 부끄러운 것이다. 부자들의 재산은
하느님의 축복이 아니라 탐욕의 결과일 뿐이다. 하느님은
그들이 재산을 모두 나누어 자발적으로 가난해지지 않는 한
하느님 나라에 들이시지 않는다.

제자들의 반응에서 보듯 예수 당시에도 부는 하느님의
축복으로 여겨졌다. 그러나 부가 하느님의 축복이라면
가난은 하느님의 저주가 된다. 물론 누구도 가난한

사람에게 하느님의 저주를 받았다고 대놓고 말하진 않지만, 부자가 하느님의 축복을 받았다고 말할 때 이미 가난한 사람은 하느님의 저주를 받았다는 말을 하는 셈이다. 그런 사고방식이 지배하는 사회에서 가난은 단지 불편한 것이 아니라 부끄러운 게 된다. 가난한 사람은 가난으로 겪는 불편함에 더해 인간적으로 무시당하고 차별받아야 하는 것이다. 예수는 그 저주를 뒤집는다. 예수는 가난한 사람에 대한 저주가 만연한 세상을 향해 '부자는 절대 하느님 나라에 들어갈 수 없다'고 선언한다.

예수의 선언과는 아랑곳없이 자본주의 사회에서 가난한 사람에 대한 저주는 지속되거나 오히려 강화되어 왔다. 물론 앞서 말한 대로 '부자는 절대 하느님 나라에 들어갈 수 없다'는 예수의 말은 개신교 교회, 특히 예수를 팔아 번창하는 보수적인 개신교 교회들을 얼마간 곤혹스럽게 만들어 왔다. '예수 믿으면 부자 된다'고 떠들어 대는 그들 뒤에서 예수가 쓸쓸히 웃으며 '아니다, 부자는 하느님 나라에 못 들어간다'라고 말하는 꼴인 것이다. 그러나 그들은 예수의 이어지는 말로 모든 걸 뒤집는다. "사람들은 할 수 없으나 하느님은 그렇지 않습니다. 하느님은 무슨 일이나 다 하실 수 있기 때문입니다." 오늘 그 교회들은 당당한 얼굴로 말한다. "부자는 원래 하느님 나라에 못 들어간다. 그러나 교회를 다니는 부자는 천국에 간다. 예수님 말씀대로!" 간교함도 이 정도면 할 말을 잃게 한다. 그들을 단지 '타락한 교회'라고 말하는 건 잘못이다. 그들은 교회의 탈을 쓰고 하느님 나라와 대적하는 순수한 사탄들이다.

"하느님은 무슨 일이나 다 하실 수 있"다는 예수의 말은 부자들이 어느 날 자발적 가난을 자유와 기쁨으로 받아들이도록 하는 일을, 사람은 못 해도 하느님은 할 수 있다는 것이다. 그 말은 지금 아무리 부자라 해도 그가 언제든 삶을 전복시켜 하느님의 나라를 받아들일 가능성이 있음을 인정해야 한다는 뜻이자, 그러나 그런 가능성은 '하느님이나 할 수 있다고 말할 만큼 쉽지 않은 일'이라는 뜻이기도 하다.

예수는 부자 청년에게 '자발적 가난'을 권유한다. 단지 자발적 가난이 옳고 훌륭하기 때문에 고통을 감수하라는 뜻이었을까? 사람은 대개 좀더 자유롭기 위해, 그런 미래를 위해 돈과 물질을 모은다. 그러나 돈과 물질이 쌓이면 쌓일수록, 자유를 누릴 수 있는 여건이 마련될수록 이상하게도 정작 자유는 점점 멀어져 간다. 누구나 인생을 마감할 때가 되어 제 인생을 돌이켜 보면 인생에서 가장 자유가 넘친 시기는 그것을 누릴 여건이 가장 빈약했던 청년

시절이기 마련이다. 사람이 자유를 누리기 위해 필요한 부는 생각보다 적다. 그걸 넘어서는 부는 실은 사람에게서 자유와 평화를 앗아 간다. 꼭 필요한 수준 이상의 부에 대한 욕망을 포기하는 것, 자발적으로 가난해지는 것은 그런 어리석은 행로를 스스로 완전하게 멈춤으로써 자유를 회복하는 방법이다. 예수가 부자 청년에게 자발적 가난을 권유하는 건 그것이 옳고 훌륭한 길이기 때문에 고통스러워도 감수하라는 게 아니라, 또 부를 죄악시하며 가난이라는 새로운 계율을 강요하는 게 아니라, 가진 돈과 재산 때문에 사라져 가는 진정한 자유를, 인생의 참 즐거움과 행복을 늦기 전에 되찾길 권유하는 것이다.

28 베드로는 예수께 "보시다시피 저희는 모든 것을 버리고 당신을 따랐습니다" 하고 말하기 시작했다.
29-30 예수께서는 말씀하셨다. "진실히 여러분에게 말합니다. 나 때문에 또한 복음 때문에 집이나 형제나 자매나 어머니나 아버지나 자녀나 토지를 버리는 사람치고 백 배로 되받지 못할 사람은 아무도 없습니다. 지금 현세에서는 박해도 당하지만 집과 형제와 자매와 어머니들과 자녀와 토지를 받고 내세에서는 영생을 받을 것입니다. 31 그런데 첫째가 말째가 되고 [저] 말째가 첫째가 되는 사람들이 많을 것입니다."

베드로는 다른 제자들의 심경을 대변하여 말한다.
"보시다시피 저희는……" 예수는 백 배의 상을 받을 것이라고
말한다. 이 말은 이른바 '물질 축복'의 매우 직접적인 근거로
사용되곤 한다. 하지만 문맥만 잘 살펴봐도 그런 이야기가
아님을 알 수 있다. 앞에서 예수는 부자 청년에게 말한다.
"가서 가진 것을 다 팔아 가난한 이들에게 주시오. 그러면
하늘에서 보물을 차지하게 될 것입니다." 버린 것과 같은
것으로 백 배 되받는 게 아니라 전혀 다른 것을 되받는
것이다. 다시 말해 땅의 보물을 버리고 하늘의 보물을 되받는
것이다.

현세와 내세는 반드시 시점으로 선후가 갈리는 게 아니다.
현세에 내세가 있고 또 내세에 현세가 있다. 우리는 철저한
현세의 삶의 조건 속에서 이미 내세를 살고 있는 사람들을
볼 수 있다. 거의 모든 사람들이 남보다 많이 가지기 위해
애쓰고 또 그렇게 되었을 때 행복하고 자랑스러워하지만,
어떤 사람들은 다른 사람보다 많이 가진 걸 오히려
민망해하고 불편해하며 자발적 가난을 실천하며 살아간다.
두 부류의 사람들은 같은 세상에 살고 있는 것 같지만 실은
전혀 다른 세상에 살고 있다. 땅의 기준에 매인 사람에게
자기 재산을 다 나누어 주는 일은 슬프고 고통스러운 일이다.
그러나 하늘의 기준을 받아들인 사람에겐 같은 일이

'백 배의' 기쁨과 환희가 된다.

우리는 한 사람의 현재 모습으로 그 사람을 판단하곤
한다. 그러나 하늘의 기준을 받아들인 사람, 회개하고
거듭난 사람은 전혀 새로운 모습을 보이게 된다. 소심하고
유약해 보이던 사람이 어느새 대범하고 과단성 넘치는
사람이 되기도 하고, 이기적이고 탐욕스럽던 사람이 어느새
이타적이며 절제를 즐기는 사람이 되기도 한다. 돋보이던
사람이 참으로 보잘것없는 사람이 되기도 하고, 있는지조차
몰랐던 사람이 우뚝 서기도 한다. "첫째가 말째가 되고 [저]
말째가 첫째가 되는 사람들"이 많은 것이다.

32 그리고 그들은 길을 걸어 예루살렘으로 올라가고 있었다.
예수께서는 그들의 앞장을 서서 가셨다. 그들은 몹시
놀랐다. 따라가던 이들은 겁을 먹었다. 그러자 그분은
다시 열두 (제자)를 데리시고 당신께 닥칠 일들을 그들에게
말씀하시기 시작했다. 33 "보다시피 우리는 예루살렘으로
올라가고 있습니다. 그러면 인자는 대제관들과 율사들에게
넘겨질 것입니다. 그들은 그에게 사형을 선고하고 그를
이방인들에게 넘겨줄 것입니다. 34 그리고 그들은 인자를
조롱하고 그에게 침을 뱉으며 그에게 채찍질을 하고 죽일
것입니다. 그러나 그는 사흘 후에 다시 살아날 것입니다."

드디어 예수 일행은 예루살렘을 향한다. 그러나 일행의 모습은 그들의 심리 상태를 그대로 드러낸다. 예수는 단호하게 앞장서 나아가지만 거듭된 수난 예고로 혼란과 불안감에 빠진 제자들은 풀이 죽어 뒤를 따른다. 그런데 예수는 그들의 마음을 헤아려 달래려 하기보다는 담담하게 수난의 길을 다시 강조한다. 예수의 태도는 분명히 제자들의 마음을 효과적으로 불러 모으는 쪽은 아니다. 예수에 대한 제자들의 신뢰나 존경으로 볼 때, 예수가 좀더 적극적인 태도로 그들의 마음에 불을 질러 한 명도 빠짐없이 자신을 이해하게 하고 그 길에 동참하도록 하는 건 그리 어렵지 않은 일일 것이다. 그런데 예수는 왜 그렇게 하지 않는 걸까?

물론 한 사람보다는 백 사람이, 백 사람보다는 천 사람이, 아니 수만의 사람이 함께 결단한다면 당장의 정치적 효과나 세상에 미치는 힘은 비할 수 없이 클 것이다. 역사 속에서 모든 주요한 사회 변화나 혁명은 그런 힘으로 이루어진다. 그러나 바로 그 주요한 사회 변화나 혁명에서 보듯 개인의 온전한 변화가 생략된 변화는 반드시 한계와 문제를 드러내고 만다. 그 한계와 문제는 변화가 크고 성공적일수록 오히려 더 심각하게 되돌아온다.

20세기 현실 사회주의의 실패는 그 예일 것이다.

현실 사회주의 나라들은 자본주의를 극복한 사회체제를 만드는 데는 일단 성공했지만 그 사회의 개인들이 자본주의적 욕망과 속성을 극복하는 데는 성공하지 못했다. 물론 사회주의 정부는 개인들에게 남은 자본주의적 욕망과 속성을 철저히 통제하고 도려내려 노력했지만, 그런 욕망과 속성을 실제로 계량하고 관리할 방법은 없었다. 법과 규율이 개인의 외적 행동을 통제하고 관리할 순 있지만 개인의 내적 변화를 만들어 낼 순 없다. 강력한 법과 규율이 만들어 낸 건 행동과 내면의 분리였다. 개인의 변화는 오로지 자발적으로만 이루어질 수 있는데, 그 점을 도외시한 통제와 관리는 오히려 그 자발성을 도려낼 뿐이었다. 현실 사회주의는 안에서 썩어 들어갔으며 사회주의적 외형이 강화되고 강조될수록 더 깊이 썩어 들어갔다. 결국 혁명으로 이루어진 사회는 인민의 이름으로 인민들에 의해 무너졌다.

예수가 바라는 변화, 예수가 생각하는 혁명은 그런 게 아니다. 예수는 한 사람의 변화가 우주의 변화이, 우주의 변화가 한 사람의 변화인 그런 변화와 그런 혁명을 바란다. 그래서 예수는 한없이 답답해하면서도 제자들을 감정적으로 선동하지 않고 담담하게 자신이 가야 할 길에 대해 거듭 강조하며, 제자들이 스스로 깨닫고 변화하길 기다린다.

35 제베대오의 아들들인 야고보와 요한이 예수께 다가와서 "선생님, 저희가 당신께 청하는 것을 저희에게 해 주시기 바랍니다" 하고 그분께 말했다. 36 그러자 그분은 그들에게 "[내가] 그대들에게 무엇을 해 주기 바랍니까?" 하셨다. 37 그들은 그분에게 "당신이 영광스럽게 될 때 저희를 하나는 당신 오른편에 또 하나는 왼편에 앉도록 해 주십시오." 38 그러자 예수께서는 그들에게 "그대들은 청하고 있는 것이 무엇인지도 알지 못합니다. 그대들은 내가 마시는 잔을 마실 수 있으며 내가 받는 세례로써 세례를 받을 수 있습니까?" 하셨다. 39 그러니까 그들은 그분께 "할 수 있습니다" 했다. 그러자 예수께서는 그들에게 말씀하셨다. "그대들은 내가 마시는 잔을 마실 것이고 내가 받는 세례로써 세례를 받을 것입니다. 40 그러나 내 오른편이나 왼편에 앉는 것은 내가 해 줄 수 있는 게 아니고 정해진 사람들에게 (돌아갈 것입니다)." 41 그런데 열 (제자)가 듣고서는 야고보와 요한을 언짢게 여기기 시작했다. 42 그러자 예수께서는 그들을 가까이 부르시고 그들에게 말씀하셨다. "여러분도 알다시피 백성을 다스린다는 사람들은 그들을 내리누르고 그 높은 사람들은 그들을 내리칩니다. 43 그러나 여러분 사이에서는 그럴 수가 없습니다. 오히려 여러분 가운데서 크게 되고자 하는 사람은 여러분을 섬기는 사람이 되어야 합니다. 44 그리고 여러분 가운데서 첫째가 되고자 하는 사람은 모든

이의 종이 되어야 합니다. 45 사실 인자는 섬김을 받으러 온 것이 아니라 오히려 섬기고 또한 많은 사람들을 대신해서 속전으로 자기 목숨을 내주러 왔습니다."

야고보와 요한 형제는 예수에게 넌지시 제 바람을 전한다. 그들은 스승이 영광의 자리에 오를 때 가장 높은 지위를 차지하길 바란다. 다른 제자들도 마찬가지다. 예수는 자신이 가려는 건 고난의 길임을 다시 설명하지만 별 소용이 없다. 그럴수록 제자들은 제 기대에 집착하고 예수 앞에서 다툼을 벌이기까지 한다. 안 되겠다 싶은 예수는 제자들을 가까이 불러 놓고 다시 한 번 자신이 가려는 길에 대해, '섬김'에 대해 말한다.

제자들이 제 스승을 따라 세상이 바뀌면 한자리씩 해 먹을 생각을 하는 건 아니다. 이를테면 그들은 인민에게 군림하기 위해 인민을 섬기겠다고 떠들어 대는 탐욕스러운 정치인들이 아니다. 그들은 진심으로 좋은 나라를 만들어 그 정부의 요직을 맡아 인민들을 위해 일하고 싶어하는 것이다. 사회를 위해 일하려는 진정한 마음이 있는 사람이 좀더 높은 지위를 바라는 것은 무작정 탓할 일만은 아니다. 좀더 높은 지위를 가져야 제대로 정치를 펼칠 수 있기 때문이다. 사실 제자들의 바람대로 예수가 인민들의 힘을 모아 외세와 괴뢰 세력을 물리치고 왕이 된다면, 인민들의 절대적인 지지를 받으며 선정을 베푼다면 얼마나 좋을까? 잡혀 수난 받고 죽어 버린다면 아무것도 바꿀 수 없지 않은가? 부활해서 인류의 구세주가 된다? 그건 세월이 지나 예수의 죽음이 기독교라는 새로운 종교의 교리가 되었을 때 나오는 이야기다.

그러나 예수는 제자들의 그런 소망조차 일축한다. '좋은 지배'를 꿈꾸지 마라, 그런 건 없다. 오로지 섬김만이 있다. 진정으로 인민을 위하고 세상을 위하고 싶다면 섬겨라, 가장 고통스러운 삶의 현장에 함께하라.

46 그리고 그들은 예리고로 갔다. 그런데 그분이 당신 제자들과 많은 군중과 함께 예리고에서 떠나갈 때에 티매오의 아들 바르티매오라는 소경이 길가에 앉아 구걸하고 있었다. 47 나자렛 사람 예수다라는 말을 소경이 듣고서는 소리를 질러 "다윗의 아들 예수님, 저를 불쌍히 여기소서" 하고 말하기 시작했다. 48 그래서 많은 사람들이 그를 꾸짖어 조용히 하라고 했으나 그는 더욱더 소리 질렀다. "다윗의 아들이시여, 저를 불쌍히 여기소서." 49 그러자 예수께서는 멈추시고 "그를 부르시오" 하셨다. 그러니 사람들이 소경을 부르면서 그에게 "힘을 내시오, 일어나시오, 당신을 부르십니다" 했다. 50 그러자 소경은 자기 겉옷을

내동댕이치고 벌떡 일어나 예수께로 왔다. 51 예수께서는 그에게 대답하여 "내가 당신에게 무엇을 해 주기를 바랍니까?" 하셨다. 그러니까 소경이 그분께 "랍부니, 제가 다시 볼 수 있게 해 주십시오" 했다. 52 그러자 예수께서는 그에게 "가시오, 당신의 믿음이 당신을 구원했습니다" 하셨다. 그러자 그는 즉시 다시 보게 되었고 그분을 따라 길을 나섰다.

이번에도 예수는 치유를 받은 사람에게 자신의 능력을 내세우지 않는 건 물론 '하느님에게 감사하라'는 말조차 하지 않는다. "당신의 믿음이 당신을 구원했습니다." 예수는 이적의 주체는 어디까지나 '자신'이라는 것, 이적이란 '나와 하느님의 소통의 회복'이라는 사실을 거듭 강조한다.

제 11 장

1 그리고 그들이 예루살렘과, 올리브 산의 벳파게와 베다니아에 다가오자 예수께서는 당신 제자 둘을 보내시며 2 그들에게 말씀하셨다. "당신들의 맞은편에 있는 마을로 가시오. 그리고 거기 들어가면 아직 아무도 타 보지 않은 새끼 나귀가 매여 있는 것을 즉시 보게 될 것입니다. 그것을 풀어 끌고 오시오. 3 혹시 누가 당신들에게 '왜 이런 짓을 합니까?' 하고 말하거든, '주께서 그것을 쓰시겠답니다. 그리고 즉시 그것을 다시 여기로 보내실 것입니다' 하시오." 4 과연 그들이 떠나가서 보니 새끼 나귀가 바깥 길 쪽으로 난 문에 매여 있었다. 그래서 그것을 풀었더니 5 거기 서 있던 이들 가운데 몇 사람이 그들에게 "새끼 나귀를 풀다니 무슨 짓을 하는 거요?"했다. 6 제자들이 예수께서 일러 주신 대로 그들에게 말했더니 그들은 제자들을 놓아주었다.

제자들이 파악하지 못하는 예수의 지지자들이 미리 나귀를 준비해 놓았다. 예수는 제자들에게 암호를 대고 비밀

접선을 하듯 그 나귀를 찾아오게 한다.

7 제자들이 새끼 나귀를 예수께 끌고 와서는 그 위에 자기네 겉옷을 얹었다. 예수께서는 그 위에 타셨다. 8 수많은 사람이 자기네 겉옷을 길에 깔았다. 다른 사람들은 들에서 잎 많은 나뭇가지들을 꺾어다 깔았다. 9 그리고 앞서 가는 사람들과 뒤따라오는 사람들이 외쳤다. "호산나. 주님의 이름으로 오시는 분은 축복받으소서! 10 우리 아버지 다윗의 (이제) 오는 나라는 축복받으소서! 지극히 높은 곳에서 호산나!" 11 이윽고 예수께서는 예루살렘 성전에 들어가셨다. 그리고 모든 것을 둘러보신 다음, 날이 이미 저물었기 때문에 열두 (제자)와 함께 베다니아로 가셨다.

때는 이스라엘의 가장 큰 축제인 유월절(해방절) 축제 기간이다. 유월逾越은 '그냥 지나치다'라는 뜻이다. 모세가 히브리 백성을 이끌고 이집트에서 탈출하기 전날 밤 야훼가 모든 집의 장남을 죽였는데, 히브리 백성의 집에는 어린 양의 피를 문설주에 바르게 하여 그 표지가 있는 집 앞은 '그냥 지나친'데서 유래하는 말이다. 이스라엘 사람들에겐 민족 해방절이자 하느님이 자신들만을 선택했다는 표징이 되는 날이다. 팔레스타인 전역과 외국에서 수많은 순례자들이 예루살렘으로 모여들었다. 예루살렘의 평소 인구는 5만

명이지만 유월절 축제 기간엔 25만 명이 예루살렘을 가득 채우곤 했다.

인민들에게 가장 즐거운 축제였으나 로마나 그에 야합한 지배세력으로선 가장 긴장되는 기간이기도 했다. 한껏 높아진 민족의식과 인민들의 열기는 자칫하면 소요나 폭동으로 이어질 수 있기 때문이다. 로마군은 이 기간 동안 다른 지역에 있던 병력을 예루살렘으로 집중시켰다. 물론 불씨는 예루살렘 사람들이 아니라 팔레스타인 외곽, 특히 갈릴래아 지방의 사람들이었다. 로마와 유다 지배체제의 이중적 억압에 시달리던 그들은 등골이 휘어지게 일해도 갈수록 사는 게 힘들어지기만 했다. 하느님이 메시아를 보내 이 지긋지긋한 세상을 끝장낼 것을 갈망하는 그들은 이 해방의 축제 기간에 한껏 고양되었다.

예수는 바로 그들, 갈릴래아에서 유월절 축제를 위해 예루살렘으로 향하는 인민들과 함께 예루살렘에 도착한다. 지배자들에게 예수의 행보는 매우 껄끄러운 것이다. 그런데 예수는 한술 더 떠 미리 준비된 나귀를 탄다. 나귀를 타는 것은 '왕의 행진'을 뜻한다. "수도 시온아, 한껏 기뻐하여라. 수도 예루살렘아, 환성을 올려라. 보아라, 네 임금이 너를 찾아오신다. 정의를 세워 너를 찾아오신다. 그는 겸비하여

나귀, 어린 새끼 나귀를 타고 오시어"(즈가 9:9) 신중하고
조심스럽게 활동하던 예수의 모습은 이제 찾아볼 수 없다.
예수는 더 이상 아무것도 경계하지 않는다. 예수는 왕으로서
예루살렘에 입성한다.

"다윗의 (이제) 오는 나라"라는 표현은 인민들이 예수를
자신들이 생각하는 메시아, 즉 이방인의 압제를 물리치고
다윗 왕의 영광을 회복하는 정치적 메시아로 맞아들이고
있음을 거듭 드러낸다. "호산나"는 본디 '구하옵나니, 이제
구원하소서'의 뜻을 가진 말이지만 여기에선 메시아를
환영하는 "만세" 같은 것이다. 지방에서, 갈릴래아에서
올라온 인민들이 앞서거니 뒤서거니 예수를 따르며 만세를
외친다.

12 이튿날 그들이 베다니아를 떠날 때 예수께서는
시장하셨다. 13 마침 무화과나무에 잎사귀가 달린 것을
멀리서 보시고서는 혹시 그 나무에서 무엇이 있을까 싶어
가셨다. 그래서 그 나무로 가셨더니 잎사귀밖에는 아무것도
없었다. 사실 무화과 철이 아니었던 것이다. 14 그런데
예수께서는 그 나무를 향하여 말씀하셨다. "이제부터는
영원히 어느 누구도 네게서 열매를 (따)먹는 일이 없으리라."
그리고 그분 제자들도 (이 말씀을) 들었다.

철이 아닌 무화과나무에 먹을 게 없는 건 너무나 당연한데 예수는 죄 없는 나무에 저주를 내린다. 모든 생명을 존중하는 사람, 특히 보잘것없는 것들에 각별한 애정을 가진 사람이 왜 이러는 걸까? 그러나 앞뒤 맥락을 잘 살펴보면 무화과나무는 예루살렘 성전에 대한 은유임을 알 수 있다. 예수는 성전에 "이제부터는 영원히 어느 누구도 네게서 열매를 (따)먹는 일이 없으리라" 저주를 내리는 것이다. 예수는 성전이 비판이나 개혁을 통해 달라질 가능성이 없음을, 더 이상 그곳에 하느님이 거하지 않으며 누구도 그곳을 통해 하느님을 만날 수 없음을, 성전의 영원한 죽음을 확인한다.

15 그들은 예루살렘으로 들어갔다. 그리고 그분은 성전으로 들어가셔서 성전에서 사고파는 사람들을 쫓아내기 시작하시며 환전상들의 상과 비둘기를 파는 자들의 의자를 둘러엎으셨다. 16 그리고 누구든 성전을 가로질러 물건을 나르는 것을 허용하지 않으셨다. 17 또한 가르쳐 그들에게 말씀하셨다. "'내 집은 모든 민족을 위한 기도의 집이라 불릴 것이다'라고 기록되어 있지 않으냐? 그런데 너희는 그것을 '강도들의 소굴'로 만들어 버렸구나." 18 마침 대제관들과 율사들이 듣고서는 어떻게 그분을 없애 버릴까 하고 궁리했다. 사실 그들은 그분을 두려워했던 것이다. 군중이 모두 그분의 가르침을 매우 놀라워했기 때문이다. 19 또

저물게 되자 그분 일행은 성 밖으로 나갔다.

'성전 정화' 사건이라 불리는 이 에피소드는 복음서에 기록된 예수의 행적 가운데 가장 소란스러운 것이다. 순례자들은 성전에 제물로 양을 바치거나 형편이 덜한 사람은 비둘기를 바쳤는데 반드시 성전에서 인정한 '정결한 것'이어야 했다. 성전의 뜰에는 '정결한 양과 비둘기'를 파는 장사꾼들로 넘쳤는데 그 양과 비둘기 가격은 여느 양이나 비둘기보다 수십 배나 비쌌다. 성전에 바칠 돈 역시 로마 화폐가 아닌 잘 사용하지 않는 이스라엘 화폐로 바꾸어야 했는데 성전 뜰의 환전상들은 말도 안 되는 수수료를 받았다. 물론 그 장사꾼들과 환전상들은 성전과 결탁해 있었고, 그 막대한 수익의 대부분은 대제관을 비롯한 성전의 고위층에로 흘러 들어갔다.

사실 성전이 그런 상태에 있다는 걸 인민들도 모르는 바 아니었다. 그런데도 대부분의 인민들은 성전에 순응했다. 묵묵히 수십 배의 돈을 치르고 양과 비둘기를 사고 돈을 바꾸어 제관에게 바쳤다. 타락했지만 '그래도 성전인데, 그래도 하느님이 거하시는 곳인데' 하는 순진한 생각에서였다. 성전이나 제관들에게 대항하는 건 마치 하느님에게 대항하는 것처럼 느껴져 두려웠기 때문이었다.

예수가 성전의 문제들을 대화와 비판으로 풀지 않고 '난동'을 부린 이유가 바로 거기에 있다.

예수가 성전 지배세력의 비리나 부정들을 고치고 개혁함으로써 성전을 회복할 수 있다고 생각했다면 굳이 그런 '난동'을 벌이지 않았을 것이다. 성전을 "강도들의 소굴"로 만들었다는 말은 성전에 대한 비판을 넘어 그에 대한 '부인'이다. 예수는 그 성전이 '문제 있는 성전'이 아니라 '성전이 아니'라고 선언한다. 그 선언은 성전 지배세력을 향한 공격이자 성전 체제의 권위에 눌려 침묵하는 인민들을 일깨우는 퍼포먼스였다.

예수의 태도는 우선 오늘날의 교회(이들 가운데 상당수는 스스로를 '성전'이라 부르기도 한다)에 우리가 어떤 태도를 가져야 할지 깨우침을 준다. 그 교회들이 이미 '교회가 아니'라, 교회를 가장한 상점 혹은 기업이라면, 그것은 비판과 개혁의 대상이 아니라 부인의 대상일 뿐이다. 예수가 '그래도 성전인데' 하며 침묵하던 사람들 앞에서 "강도들의 소굴"이라 외쳤듯이 우리는 '그래도 교회인데' 하며 침묵하는 사람들 앞에서 "강도들의 소굴"이라 외쳐야 한다.

그러나 예수 당시의 성전이 단지 종교적 의미를 넘어

지배체제의 핵심이었다는 사실에서, 예수의 태도를 전 사회적 영역으로 확대해 보아야만 한다. 예수는 억압의 사회체제가 피억압자들의 비굴과 무기력에 힘입어 유지된다는 사실을 폭로한다. 앞서 말했듯 인민들은 성전의 실상을 이미 알고 있었다. 그렇다면 그들은 "저것은 더 이상 성전이 아니다", "하느님은 저곳에 거하시지 않는다"고 말해야 했다. 그러나 그들은 침묵했다. 그리고 그 침묵엔 예의 순진함 외에 '세상이 다 그런 거지' 하는 비굴과 무기력이 들어 있었다.

우리는 대개 어떤 불의한 사회체제를 유지하는 힘이 전적으로 그 체제의 지배세력에서 나온다고 생각하곤 한다. 이를테면 1970년대 한국의 군사 파시즘 체제를 유지하는 힘은 전적으로 박정희 패거리라고 생각하는 것이다. 인민은 다만 그 포악한 체제의 일방적 희생자로 묘사된다. '박정희 군사 파시즘에 신음하던 인민들.' 그러나 그 시절 대개의 인민들은 '신음'하지 않았다. 오히려 '세상이 다 그런 거지', '사람이 하는 일인데 완벽할 수야 있나' 하며 제 식구들 챙기며 오순도순 살았을 뿐이다. 불의한 사회체제를 유지하는 더 근본적인 힘은 바로 인민들의 비굴과 무기력이다. 사실 제아무리 포악하고 강한 사회체제라고 해도 대다수 인민들이 한꺼번에 거부 의사를 표시하면 당장이라도 맥없이 무너지게 되어 있다.

예수는 수많은 인민들 앞에서 그들의 비굴과 무기력을
일깨우는 것이다. 결국 예수의 '난동'은 침묵하는 억압의
체제에 균열을 일으키는 장엄한 퍼포먼스였다. 지배자들은
그 퍼포먼스를 통해 하느님의 권위로 은폐된 그들의 썩은
실체를 적나라하게 드러냈다. 그리고 인민들은 '인민들의
순진함'으로 가려진 제 비굴과 무기력을 비로소 되새기며
인간적 위엄을 회복할 채비를 할 수 있었다.

예수를 정치적 혁명가로 해석하는 학자 가운데는 이 사건이
예수 혼자 일으킨 게 아니라 상당한 무장 인력을 동원하여
일으킨 일이었다고 주장하는 사람도 있다. 그렇지 않다면
로마군과 성전 경비대가 깔린 긴장 상태에서 이런 일이
불가능했으리라는 것이다. 그러나 오늘 첨예한 사회적
갈등의 현장에서 여전히 재연되는 이런 긴장 상태에 대해
조금이라도 경험이 있는 사람이라면 알겠지만, 예수가
그런 행동을 하고도 무사할 수 있었던 것은 바로 그 팽팽한
긴장이 낳는 일시적 진공상태 때문이다. 지배자들은 예수를
죽이는 일에 대해 고민하고 걱정하는 것이 아니라, 그것이
더 큰 폭동이나 소요 사태로 비화하지 않을까 걱정한다.
수많은 군중이 보는 앞에서 예수를 체포하는 것은 지나치게
위험부담이 큰 일이다. 그런 일시적 힘의 진공상태에서
예수의 '난동'이 무사히 진행되는 것이다. 만일 예수가

상당한 무장 인력을 동원했다면 그 진공상태는 즉시 깨졌을 것이고, 우리가 알고 있는 예수의 이후 행적도 아예 없었을지 모른다.

20 그리고 그들이 새벽에 지나가다가 보니 그 무화과나무가 뿌리째 말라 있었다. 21 그런데 베드로는 (예수의 말씀이) 문득 생각나서 그분께 "랍비, 보시다시피 당신이 저주하신 무화과나무가 말라 버렸습니다" 했다.

무화과나무 에피소드는 이와 같이 12~14절에서 20~21절로 이어진다. 「마르코복음」 작가는 그 중간에 '성전 정화' 사건을 끼워 넣음으로써 무화과나무 에피소드가 성전에 대한 은유라는 것을 적이 풍자적으로 드러낸다.

22 그러자 예수께서는 대답하여 그들에게 말씀하셨다. "여러분은 하느님께 믿음을 가지시오. 23 진실히 여러분에게 말하거니와, 이 산더러 '들려서 저 바다에 빠져라'고 말하면서 제 마음속으로 의심하지 않고 자기가 말하는 대로 되리라고 믿는 사람에게는 (그대로) 이루어질 것입니다. 24 그러므로 여러분에게 말하거니와, 여러분이 기도하며 청하는 것은 다 받는다고 믿으시오. 그러면 여러분에게 (그대로) 이루어질 것입니다.

"믿는 사람에게는 (그대로) 이루어질 것"이라는 말은, 신앙을 돈이나 명예, 권력 같은 세속적인 욕망을 채우는 일과 연결시키는 데 사용되기 십상이다. 구약성서의 많은 곳에서 하느님의 축복은 그런 것이기도 하다. 그러나 예수는 축복은 그런 게 아니라고, 하느님은 그런 분이 아니라고 고쳐 말했다. 물론 예수가 하느님을 믿으면 불행해진다고 말하는 것은 아니다. 예수는 언제나 축복을 말한다. 그러나 그 축복은 구약성서에 나오는 축복, 대개의 사람들이 알고 있고 또 바라는 축복과는 다르다.

생각해 보라. 오늘 지구에선 해마다 600만 명의 아이들이 굶어 죽어 간다. 그걸 뻔히 알면서도 지나치게 먹어 다시 돈과 시간을 들여 살을 빼며, 산더미 같은 음식 쓰레기를 서로에게 떠넘기려 다투는 사람들이 하느님에게 '열심히 믿을 테니 더 많은 물질을 달라'고 기도할 때 하느님이 축복하겠는가? 그게 하느님이라면, 그게 하느님의 축복이라면 그 하느님은 유다인들이 믿던 배타적인 민족신일 수는 있어도, 또 돈만 주면 복을 불러 주는 요사스러운 무당의 신일 순 있어도 온 인류가 진정 존중할 수 있는 하느님은 아니다.

예수는 하느님이 그런 분이 아니라고 말한다. 그리고

사람들이 가진 축복의 개념을 뒤집어 버린다. 이를테면
예수는 부자 청년 에피소드에서처럼 남보다 많이 갖는
게 축복이 아니라 내 것을 없애서 우리의 것으로 만드는
게 축복이라고 말한다. 물론 세속적인 욕망의 늪에서
헤어나지 못하는 대개의 사람들에게 그건 축복이 아니라
재앙일 것이다. 그러나 '산을 옮기는 믿음'을 가진 사람,
하느님과 소통하며 관계를 맺는 사람, 그래서 세계의 고통을
내 고통으로 느끼는 사람에게 그건 분명 축복이다. 그것은
기쁨이며 환희이며 행복이다.

예수는 당부하고 또 당부한다. '믿음'을 가지라고. 믿음이란
어떤 대상에게 나를 완전히 여는 것이다. 하느님에 대한
믿음이란 하느님에게 나를 완전히 여는 것이다. 하느님의
의지와 행동에 거리낌 없이 참여하는 것이다. 물론 그것은
교회에 나가거나 기독교인으로 신앙생활을 하는 차원이
아니다. 교회나 기독교가 하느님을 믿는 한 방식일 순
있지만, 유일하거나 완전한 방식은 아니다. 하느님은 교회나
기독교의 성에 갇힌 존재가 아니라, 온 세상에 관련하며 온
세상의 근본적인 변화를 준비하는 존재다. 믿음은 결국
하느님 나라, 즉 근본적으로 새로운 세상이 가능하다는
꿈이다. 예수 당시 이스라엘 사람들은 하느님의 심판을
기대했지만, 묵시문학의 융성이 보여 주듯 그 기대감은

그들의 현실적 회의와 무력감의 역설적 반영이기도
했다. 그들은 지나치게 오랫동안 절망 속에 있었다.
바리사이인들이나 열정에 가득한 젤롯당처럼 믿음을
잃지 않은 사람들도 있었지만, 그 믿음은 하느님의 뜻과는
동떨어진 것이었다. 그들은 이스라엘의 해방을 소망했지만
그 이스라엘의 참 내용인 고통받는 인민들은 바로 그
소망에 의해 한 번 더 배제되고 체념에 빠져야 했다. 예수가
고통받는 인민들, 죄인들이 하느님 나라의 주인공이라 선언한
건 그래서다.

예수는 또한 우리에게 당부한다. 21세기, 믿음을 잃어버린
세상을 살아가는 우리에게. 20세기 말 이른바 현실
사회주의 패망 이후 우리는 불가능해 보이는 것에 대해
꿈꾸기를 중단하게 되었다. 이제 누구도 새로운 세상에
대해 말하려 하지 않으며, 행여 그런 말을 하는 사람에겐
너나없이 '비현실적인 몽상가'라는 딱지를 붙인다. 물론
지나친 이상주의는 현실적 조응력을 잃고 소수 지식인들의
관념놀이가 되어 버리기도 한다. 그러나 그보다 심각한 것은
이상주의가 사라지는 것이다. 꿈을 잃은 사람에게 아무런
희망이 없듯, 이상주의가 사라진 세상, 모든 사람이 불가능한
것에 대해 꿈꾸길 중단하고 현실적이고 실현 가능해 보이는
것에만 집착하는 세상엔 아무런 희망이 없다.

예수는 우리에게, 현실에 대한 비평에는 능하지만 새로운
세상의 창조에는 한없이 무력한, 여전히 좌파를 자처하면서도
새로운 세상에 대한 신념과 벅찬 희망이 아니라 지독한
우울과 무력감의 상태를 벗어나지 못하는 우리에게 당부하고
또 당부한다. '하느님이 새로운 세상을 만드는 일에 당신이
함께하길 기다리고 있습니다. 믿음을 가지세요.'

25 그리고 여러분이 기도하려고 서 있을 때에 어떤 사람과
등진 일이 있으면 용서하시오. 그래야만 하늘에 계신
여러분의 아버지께서도 여러분에게 여러분의 잘못을
용서하실 것입니다."

예수에 관한 가장 흔한 오해 가운데 하나는 예수가
무조건적인 용서를 설파했다는 것이다. '오른뺨을 때리면
왼뺨도 갖다 대라'는 그의 말(마태 5:39)은 불의와 폭력에
대한 무기력한 순응을 강요하는 데 활용되어 온 가장 유명한
경구다. 그러나 오늘 좀더 섬세한 시각을 가진 사람들은
예수의 이 경구가 오히려 저항의 의미를 담고 있음을
알아챈다. 사람은 대개 오른손잡이다. 오른손은
'바른손'이며 고대사회에선 더욱 그랬다. 그래서 일반적으로
뺨을 때린다는 건 오른손으로 상대의 왼뺨을 때리는 것이다.
그런데 예수는 "오른뺨을 때리면"이라고 했다. 손바닥이

아니라 손등으로 때렸다는 말이다. 손등으로 뺨을 때리는
행위는 당시 유다 사회에서 하찮은 상대를 모욕할 때
사용되곤 했다. 그렇게 모욕당한 사람에게 예수는 '왼뺨도
갖다 대라'고 말한다. '나는 너와 다름없는 존엄한 인간이다.
자, 다시 제대로 때려라' 하고 조용히 외치라는 것이다.
무조건적으로 용서하고 순응하라는 말이 아니라 오히려
단호하게 저항하라, 불복종을 선언하라는 것이다.

결국 이 유명한 경구는 사람 취급 못 받는 사람들, 매일처럼
무시당하고 모욕당하며 살아가는 사람들을 향한 예수의
가슴 아픈 위로다. 예수는 그들 앞에서 애끊으며 입술을
깨물며 말한다. "여러분이 당장 여러분의 현실을 뒤집기는
어렵습니다. 그러나 하느님은 여러분을 무시하고 모욕하는
부자와 권력자들의 편이 아니라 여러분의 편입니다. 하느님
나라의 주인은 바로 여러분입니다. 믿음을 가지세요. 부디
자신을 부끄럽게 여기지 말고 자존심을 잃지 마세요."

불의한 사회 현실 속에서 분노와 용서는 늘 균형을 잃곤
한다. 현실에 분노하고 싸우는 사람들은 대개 용서를 모른다.
그래서 많은 경우 증오와 보복의 악순환으로 빠져 들어간다.
한편 용서를 말하는 사람들은 분노할 줄 모른다. 그들의
분노 없는 용서, 진실과 정의를 가리지 않는 무작정한 용서는

불의한 현실을 덮고 그 현실에서 영화를 누리는 세력에게 봉사하게 된다. 그러나 예수에게 분노와 용서는 늘 병행한다. 성전 뜰에서 그의 생애 중 가장 분노하는 모습을 보인 예수는 언제 그랬냐는 듯 다시 용서를 말한다. 두 가지 모습은 얼핏 개연성이 없어 보이나, 모두 예수의 모습이다. 예수는 분명히 분노하여 진실과 정의를 가리지만, 끝내 용서함으로써 증오와 보복의 고리를 끊어 낸다.

우리는 흔히 "죄는 미워하되 사람을 미워하지 말라"고 말한다. 그러나 우리는 그 말의 순서를 바꾸어 볼 필요가 있다. '사람을 미워하지 말되 죄는 분명히 미워하라.' 우리는 끝내 용서하되, 먼저 분명히 분노해야 한다. 진정 분노할 줄 모르는 사람은 진정 용서할 줄도 모르며, 진정 용서할 줄 모르는 사람은 진정 분노할 줄 모른다. 분노와 용서는 실은 하나다.

27 그리고 그들은 다시 예루살렘으로 갔다. 그리고 그분이 성전을 거닐고 계실 때에 대제관들과 율사들과 원로들이 그분께 왔다. 28 이어서 그분에게 "당신은 무슨 권한으로 이런 일을 합니까? 누가 당신에게 이런 일을 할 그 권한을 주었습니까?" 했다. 29 그러자 예수께서는 그들에게 말씀하셨다. "내가 여러분에게 한 가지 물어 볼 테니 나에게

대답해 보시오. 그러면 내가 무슨 권한으로 이런 일을 하는지 여러분에게 말하겠습니다. 30 요한의 세례가 하늘에서 비롯했습니까, 사람들에게서 비롯했습니까? 나에게 대답해 보시오." 31 그러자 그들은 자기들끼리 궁리하며 말했다. "'하늘에서 비롯했다'고 우리가 말한다면, '그러면 왜 여러분은 그를 믿지 않았습니까?' 하고 그는 말할 것입니다. 32 그렇다고 '사람들에게서 비롯했다'고 우리가 말할 수야 있겠습니까?" 그들은 군중을 두려워했다. 사실 모두 요한이 참으로 예언자였다고 생각했던 것이다. 33 그래서 그들은 예수께 대답하여 "모르겠습니다" 했다. 그러자 예수께서는 그들에게 "그렇다면 나 역시 무슨 권한으로 그런 일을 하는지 여러분에게 말하지 않겠습니다" 하고 말씀하셨다.

"대제관들과 율사들과 원로들"은 유다 최고 의사 결정 기구, 즉 산헤드린 의원들일 것이다.(15:1~5 강독 부분) 그들이 직접 예수에게 시비를 걸어온다. 지켜보는 군중 때문에 예수를 막 대하지는 않지만 '곧 잡혀 죽을 걸 모르고 설치는 이 갈릴래아 촌놈'에게 그들은 쓴웃음을 짓는다. 예수는 자신을 떠보는 질문엔 언제나 별다른 대꾸를 하지 않곤 했지만 이젠 다르다. 오만한 그들을 말의 함정에 빠트려 조롱한다. 예수의 행동은 성전 정화 사건과 이어져 있다. 인민들의 비굴과 무기력을 일깨운 예수는 인민들 앞에서 보란 듯이 근엄한 지배자들을 엿 먹인다. 그 광경을 보는 인민들은 처음엔 '저래도 되는가, 아무리 그래도 제관들인데 저러다 하느님의 큰 벌이라도 받는 게 아닌가' 가슴이 콩닥콩닥한다. 그러나 예수의 통쾌한 한판승에 와자하게 폭소를 터트리곤 어느새 오랜 비굴과 무기력에서 조금씩 벗어나기 시작한다. '맞아, 하느님이 저런 놈들을 좋아할 리 없지. 하느님을 팔아먹는 못된 놈들!'

제 12 장

1 예수께서는 그들에게 비유로 말씀하시기 시작하였다. "어떤 사람이 포도원(에 포도나무)를 심어 울타리를 둘러치고 (포도즙을 짜는) 확을 파고 망대도 세웠습니다. 그리고 그것을 농부들에게 도지로 주고 떠나갔습니다.
2 (포도)철이 되자 그는 종을 농부들에게 보내어 농부들에게서 포도원의 소출을 받도록 했습니다. 3 그런데 그들은 그 종을 붙잡아 때리고 빈손으로 보냈습니다.
4 그러자 주인이 다시 다른 종을 그들에게 보냈더니 그들은 그 종 역시 머리를 치며 모욕했습니다. 5 주인이 또 다른 종을 보냈더니 그들은 그를 죽여 버렸습니다. 그래서 여러 다른 종들을 보냈더니 더러는 때리고 더러는 죽여 버렸습니다. 6 이제 그에게는 한 사람, 곧 사랑하는 아들이 남아 있었습니다. 마지막으로 그를 그들에게 보내면서 '내 아들이야 알아주겠지' 하고 말했습니다. 7 그러나 그 농부들은 '이자가 상속자다. 가서 그를 죽여 버리자. 그러면 유산은 우리 차지가 될 것이다' 하고 저희끼리 말하면서

8 그를 붙잡아 죽이고 포도원 밖으로 내던졌습니다.
9 [그러니] 포도원 주인이 어떻게 할 것 같습니까? 그는 가서 그 농부들을 없애 버리고 포도원을 다른 사람들에게 줄 것입니다. 10 여러분은 이런 성경(말씀)을 읽어 보지 못했습니까? 집 짓는 사람들이 버린 그 돌이 모퉁이의 머릿돌이 되었도다. 11 주님으로 말미암아 된 일이라 우리 눈엔 놀랍게 보이는도다." 12 그러자 그들은 그분을 잡으려 했으나 군중을 두려워했다. 사실 그들은 예수께서 자기들을 향하여 비유를 말씀하신 것을 알아차렸던 것이다. 그들은 그분을 그대로 두고 물러갔다.

진보적인 성향을 가진 사람들은 이 이야기에 얼마간의 거부감을 느낄지도 모른다. 지주의 시각으로 소작농들이 아주 나쁘게 그려졌기 때문이다. 그러나 이 이야기는 지주와 소작농 이야기가 아니라, 사람들이 쉽게 알아들을 수 있도록 지주와 소작농을 비유로 등장시킨 이야기다. 이 비유에서 포도원 주인은 바로 하느님이다. 하느님이 평화롭고 조화로운 세상을 이룩하게 하기 위해 여러 차례 예언자들(종)을 보냈으나 세상의 관리자들(소작농들)은 그들을 때리거나 죽여 버렸다. 하느님이 이번에는 사랑하는 아들을 보냈는데 이들은 그 아들도 죽여 버렸다. 그러자 마침내 하느님이 관리자들을 없애 버렸다는 이야기다.

예수는 지배자들에게 하느님의 뜻을 거슬러 인민들을 배신하고 제 이해만 좇는 너희들을 하느님이 없애 버릴 것이라고 말하는 것이다. 지켜보던 군중들은 통쾌함에 킥킥 웃어 대고, 지배자들은 붉으락푸르락하는 얼굴로 일단 자리를 뜬다. 그리고 예수에 대한 이들의 적개심은 더욱 커진다.

13 그리고 그들은 몇몇 바리사이들과 헤로데의 사람들을 예수께 보내어 말로써 그분을 책잡으려 했다. 14 그 사람들이 와서 그분에게 말했다. "선생님, 저희가 알기에 당신은 진실하시고 어느 누구에게도 구애받지 않으십니다. 사실 당신은 사람들의 신분을 보지 않고 다만 하느님의 길을 참되이 가르치십니다. 황제에게 주민세를 바쳐도 좋습니까, 혹은 그러지 말아야 합니까? 저희가 바쳐야 합니까, 혹은 바치지 말아야 합니까?" 15 그러자 예수께서는 그들의 위선을 알아차리시고 그들에게 말씀하셨다. "왜 나를 떠보는 거요? 내게 데나리온 한 닢을 가져오시오. 그것을 봅시다." 16 그들이 가져다드리자 예수께서는 "이 초상과 글자는 누구의 것이오?" 하고 그들에게 말씀하셨다. 그들이 "황제의 것입니다" 하고 그분에게 말하자 17 예수께서는 그들에게 말씀하셨다. "황제의 것은 황제에게 돌려주시오. 그러나 하느님의 것은 하느님에게 돌려주시오." 이에 그들은 그분에 대해 탄복했다.

"황제의 것은 황제에게" 이 말은 대개 전후 맥락과 상관없이 똑 떼어 내져서, 예수가 세상의 권력은 그것이 설사 그르거나 부당하더라도 순종해야 한다고 말했다는 식으로 널리 인용되곤 한다. 그러나 조금만 찬찬히 읽어 보면, 예수는 아첨하는 말까지 해 가며 자신을 함정에 빠트리려는 자들을 반어법으로 조롱하고 있다.

바리사이인들은 황제에게 세금을 내는 일에 당연히 반감을 가졌다. 반면 로마의 괴뢰 세력인 헤로데 일파는 정반대의 입장이었다. 인민들도 역시 황제에게 세금을 바치는 걸 하느님을 배신하는 일이라 생각했지만, 그렇다고 대놓고 반대하는 건 로마에 대한 반역에 해당했다. 말하자면 그들은 예수를 이럴 수도 저럴 수도 없는 함정에 몰아넣은 것이다. 그러나 예수는 그들의 의도에 말려들기는커녕 태연자약 익살스럽게 그들을 조롱한다. '황제의 것이라며? 그럼 황제에게 주면 되겠구먼!' 데나리온은 로마의 은화로 당시 황제 티베리우스의 흉상과 "지존한 신의 아들"이라는 말이 새겨져 있었다.

또 예수의 이 말은 기독교 교회에서 이른바 '정교분리 원칙', 즉 교회는 정치에 간섭하지 않는다는 원칙의 근거로 사용되곤 한다. 이 해석 역시 본디 맥락과는 동떨어져 있다. 역사 속에서 '정교분리 원칙'이 나온 배경은 중세 시대에 교회가 스스로 지배세력의 일부가 되어 인민을 억압하고 착취했던 타락한 역사 때문이다. 그에 대한 사회적 비판과 교회 스스로의 반성에서 정교분리 원칙이 나온 것이다. 말하자면 정교분리 원칙은 교회가 무작정 정치에 간섭하지 않는다는 게 아니라 교회가 지배세력의 일부가 되거나 야합하지 않는다는 뜻을 가진다. 그런데 언젠가부터 정교분리 원칙이라는 말이 본뜻과는 정반대로 불의한 지배에 대한 저항을 반대하는 데 사용되어 왔다. 교회는 사회정의를 좇고 사회변혁에 관심을 갖는 신자들에게 근엄한 얼굴로 말한다. '종교는 정치에 간섭해선 안 됩니다. 예수님도 황제의 것은 황제에게 돌리라고 하셨지 않습니까?' 그리고 뒷전으로 지배세력과 야합하는 것이다. 군사 파시즘 기간의 한국의 보수 개신교 교회는 그 대표적인 예다.

18 부활이 없다고 주장하는 사두가이들이 예수께 와서는 이렇게 말했다. 19 "선생님, 모세가 우리에게 써 준 바에 의하면, 어떤 사람의 형제가 죽었는데 부인은 남겨 놓고 자식은 두지 못한 경우, 그 형제는 그 부인을 맞아 제 형제에게 후손이 생기도록 해야 합니다. 20 7형제가 있었습니다. 그런데 첫째가 부인을 맞았다가 죽을 때 후손을 두지 못했습니다. 21 그래서 둘째가 그 부인을 맞았지만 또

후손을 남기지 못한 채 죽었고 셋째도 그러했습니다.
22 그렇게 일곱이 후손을 두지 못했습니다. 그들이 모두
(죽은) 끝에 그 부인도 죽었습니다. 23 그들이 [다시
살아나는] 부활 때 그 부인은 그들 가운데 누구의 아내가
되겠습니까? 사실 일곱이 그 부인을 아내로 삼았으니까요."
24 예수께서는 그들에게 말씀하셨다. "여러분이 성경도
모르고 하느님의 능력도 모르니 잘못 생각하고 있는 게
아닙니까? 25 사실 사람들이 죽은 이들 가운데서 다시
살아날 때에는 장가가는 일도 없고 시집가는 일도 없으며
하늘에 있는 천사들과 같습니다. 26 그리고 죽은 이들에
관해서, 그들이 부활한다는 사실을 두고 모세의 책 가시덤불
대목에, 하느님께서 모세에게 어떻게 말씀하셨는지 읽어
보지 못했습니까? '나는 아브라함의 하느님, 이사악의
하느님, 야곱의 하느님이로다' 하셨습니다. 27 그분은 죽은
이들의 하느님이 아니라 살아 있는 이들의 하느님이십니다.
여러분은 전적으로 잘못 생각하고 있습니다."

사두가이인들은 부활을 믿지 않았다. 그들은 모세5경만을
하느님의 말씀이라 생각했는데 거기엔 부활이라는 게 나오지
않기 때문이다. 그들이 부활을 믿지 않는 또 다른 이유는
그들이 지배자들이기 때문이다. 동서고금을 막론하고
부활이나 영생, 내세, 후천 세상 등은 피지배계급의 가치관에

속한다. 현실적 기득권과 안락을 가진 사람들은 다음 세상에
집착하거나 소망할 이유가 거의 없다. 지금 현실이 영원하길
바랄 뿐이다. 반면 고통스러운 현실을 보내는 사람들은
도래할 세상이나 부활 이후의 삶에 관심을 갖게 된다. 그런
염원이 올바른 사회의식과 결합하면 미륵 사상이나 동학처럼
매우 유장한 진보적 에너지로 나타난다. 그러나 그런 염원이
지배체제에 포섭될 때는 더 악랄한 억압과 착취의 도구가
되기도 한다. '현실은 죄로 물든 무상한 것이며 진정한 삶은
내세에 있다'는 말은 서양 중세의 지배체제가 인민을 아무런
저항 없이 억압하고 착취하는 가장 중요한 논거였다.

예수는 부활하면 "하늘에 있는 천사들과 같습니다"라고
말한다. 천사는 세포 덩어리가 아니다. 그래서 천사는
수명이 없이 살아 소통한다. 사람이 부활한다는 건 세포
덩어리인 몸을 떠나 영원히 살아 소통하는 것이다. 그것이
예수가 말한 '진정한 목숨'이다.(8:34~38) 우리가 집착하는
목숨, 즉 인생이란 길고 영원한 목숨의 일부 순간일 뿐이다.
인생과 목숨에 대한 이런 깨달음은 대개 생각하듯 고도의
정신적 수련을 한 소수의 사람들이나 갖는 특별한 것이
아니라, 욕망과 집착을 잠시 걷고 조금만 곰곰이 생각해
본다면 누구나 얻을 수 있는 깨달음이다. 그 간단한 깨달음을
외면하며 우리는 현명하고 조화로운, 비할 바 없이 행복하고

풍요로운 삶을 외면하는 것이다.

우리는 예수가 자본주의라는 마몬의 체제 속에서 물질적 탐욕과 이기심의 덩어리가 되어 살아가는 우리와는 비할 바 없이 청정한 정신을 가진 사람들을 대상으로 이야기하고 있음을 되새겨야 한다. 그 2,000년 동안 인류가 정신적으로 진보를 거듭했다고는 하지만 인생에 대한 무지와 집착으로 본다면 적어도 자본주의 이후 인류는 퇴보를 거듭하고 있다. 지구가 오염되고 파괴되어 더는 정상적으로 살 수 없다는 도처의 경고들은 그 퇴보가 낳은 수많은 어이없는 파국의 한 예다.

28 그런데 율사 하나가 그들이 토론하는 것을 듣고, 예수께서 그들에게 잘 대답하시는 것을 보고는 다가와서 예수께 물었다. "모든 계명 중에 첫째가는 계명은 어느 것입니까?" 29 예수께서는 대답하셨다. "첫째가는 계명은 이렇습니다. '들어라, 이스라엘아, 우리 하느님이신 주님은 유일한 수님이시다. 30 그러므로 네 마음을 다하고, 네 정신을 다하고, 네 생각을 다하고 네 힘을 다하여 네 하느님이신 주님을 사랑하라.' 31 둘째가는 계명은 이렇습니다. '네 이웃을 네 자신처럼 사랑하라.' 이 계명들보다 더 큰 계명은 달리 없습니다." 32 그러자 율사는 예수께 말씀했다.

"좋습니다, 선생님, 옳게 말씀하셨습니다. (주님은) 한 분이시고 그 밖에 다른 이가 없습니다. 33 그리고 마음을 다하고 지능을 다하고 힘을 다하여 그분을 사랑하는 것과 이웃을 자신처럼 사랑하는 것이 모든 번제나 친교제보다 더 낫습니다." 34 그러자 예수께서는 그가 슬기롭게 대답하는 것을 보시고 그에게 말씀하셨다. "당신은 하느님 나라에서 멀리 있지 않습니다." 그래서 어느 누구도 그분께 감히 더는 질문하지 못했다.

예수는 바리사이인들과 율법학자들과 관계가 매우 좋지 않았지만 바리사이인들이나 율법학자라 해도 마음의 귀가 열린 사람은 아무 편견 없이 대했다. 예수는 이 율법학자와 이례적으로 보일 만큼 정중하고 진지한 태도로 질문과 대답을 주고받는다.

'계명'이란 하느님이 인간에게 명령한 혹은 당부한 삶의 방식이다. '사람은 어떻게 살아야 하는가'라는 실존적 질문에 대한 하느님의 답변이 계명이다. 예수는 그 계명의 첫째가 하느님을 사랑하는 것이고 둘째는 이웃을 나 자신처럼 사랑하는 것이라 말한다. 하느님을 사랑한다는 건 무엇인가? 종교적 제의나 예배 따위를 통해 하느님을 받들어 모시는 것? 다른 종교나 신을 무시하고 오로지 내 하느님을 주장하는 것?

우리는 하느님을 사랑하는 게 뭔가를 말하기 전에 하느님이 누군가, 하느님은 어떤 존재인가에 대해 말해야 한다.

지구가 둥글다는 사실이 분명해지기 전까지 사람들에게 하늘은 땅과 분리된 범접할 수 없는 초월의 세계였고, 하느님은 그 세계를 상징했다. 하느님은 하늘에 있는 존재였다. 그러나 이제 우리는 하늘이란 일정한 방향을 가지거나 어떤 분할된 공간이 아닌, 단지 지구의 대기권이거나 외기일 뿐이라는 걸 안다. 하느님은 하늘에 있다고도 땅에 있다고도 할 수 없으며, 오히려 모든 물리적 제한을 초월해 모든 곳에 동시에 있다고 말하는 편이 적절할 것이다.

예수 당시 이스라엘 사람들을 비롯해 기독교를 중심으로 역사를 이어 온 서양 세계에서 하느님은 우리 삶과 우리가 사는 세계의 외곽에서 절대적인 힘으로 우리 삶과 세계를 마음대로 관장하는 존재다. 그러나 하느님이 그런 존재라면, 우리 눈앞에 일어나는 수많은 불의와 학살과 기아와 참상은 그가 자행하거나 아니면 적어도 그의 묵인 아래 일어나고 있는 셈이다. 양식을 가진 사람이라면 그런 하느님을 인정할 수 없을 것이다. 실제로 세속적인 탐욕에 초탈하여 진지하고 근원적인 것에 관심을 갖는, 누구보다 종교적일 수 있는 많은 사람들이 바로 그런 이유에서 무신론을 선택한다.
오히려 세속적인 욕망과 이기심에 가득한 사람들이 신의
존재를 강퍅하게 주장하며 '주님, 주님' 부르짖곤 한다. 과연
하느님은 이런 정신적 참극을 벌이게 하는 그런 존재일까?

하느님이 어떤 존재인가에 대해서 성서는 첫머리에서
이렇게 밝히고 있다. "(하느님은) 당신의 모습대로 사람을
지어내셨다."(창 1:27) 물론 여기에서 '모습'은 눈, 코, 입
같은 외적인 생김새를 말하는 게 아니라 본성을 말하는
것이다. 즉 사람은 하느님의 본성을 담아 지어졌다는
말이다. 우리는 우선 우리에게 지나치게 익숙해진 서양식
신관神觀에서 벗어나야 한다. 동양 정신에서 특히 한국의
민간 사상과 종교에서 볼 수 있는 신관은 우리에게 '하느님은
어떤 존재인가' 하는 질문에 대한 귀한 실마리를 준다.
하느님은 우리 삶과 세계의 외곽에서 우리를 절대적 힘으로
관장하는 존재가 아니라 오히려 내 안에 '본디의 나'로 살아
있는 하느님인 것이다. 우리 눈앞에 일어나는 수많은 불의와
학살과 기아와 참상을 자행하거나 외면하는 분이 아니라
불의와 학살과 기아와 참상 속에서 함께 고통받는 분인
것이다.

하느님을 섬긴다는 건 이런저런 종교적 형식에 기대어 나를

초월적인 상태로 끌어올리는 행위가 아니다. 하느님을 섬긴다는 건 지금 내 삶을 지배하는 온갖 부질없는 집착과 욕망들을 씻어 내고 내 본디 모습으로, 하느님의 모습대로 돌아가는 것이다. 돈이나 권력, 명예나 세속적인 성공 따위에 대한 사랑을 나에 대한 사랑으로 착각하는 삶을 끝내고 나 자신을 진정 사랑하는 것, 그것이 하느님을 사랑하는 삶이다. 하느님은 내 안에 존재하며 또한 모든 다른 내 안에 존재한다. 내 아내에게도 내 자식에게도 내 부하나 노예에게도, '내'라는 말을 붙이지 않는 모든 낯모르는 사람들에게도 하느님은 존재한다. 하느님을 사랑하는 건 나를 사랑하는 일이자 동시에 모든 나를 사랑하는 일이다.

그래서 예수의 이름으로 행해지는 모든 자선이나 적선은 실은 예수가 말한 이웃 사랑과 다르다. 나와 내 식구가 충분히 먹고살면서 여력이 되는 대로 불쌍한 사람을 돕는 것은 끝없이 더 가지려는 이기적이고 탐욕스러운 사람들에게 비추어 선량한 행동임에 틀림없지만, 그것이 예수가 말한 이웃 사랑은 아니다. 돈을 많이 벌어 그 돈으로 불쌍하고 가난한 사람들을 돕겠다는 생각 역시 예수가 말한 이웃 사랑은 아니다. 예수가 말한 이웃 사랑은 예수의 말 그대로 '이웃을 나 자신처럼' 사랑하는 것이다. 그것은 나와 남, 내 것과 남의 것을 경계 지어 이루어지는 행위가 아니라

나와 남, 내 것과 남의 것의 경계를 없애는 데서 가능해지는
일이다. 내 것의 일부를 이웃에게 주는 게 아니라 '내 것'을
'우리의 것'으로 만드는 일이다.

내 것과 남의 것의 철저한 분리, 즉 엄격한 사유재산 제도를
기본 정신으로 하는 자본주의는 예수의 이웃 사랑에
적대적인 사회체제가 틀림없다. 자본주의에 적응하고
자본주의를 지지하면서 예수의 이웃 사랑을 실천한다고
말하는 건 모순이다. 예수의 이웃 사랑은 자본주의 체제를
넘어서려는 태도, 즉 사회주의적 태도와 함께할 수밖에 없다.
대개의 사람들은 여전히 자본주의를 '자유 민주주의'라
부르며 예수적인 체제로, 사회주의는 예수와는 반대의 체제로
오해한다. 마르크스 이래 사회주의자들이 기독교에 부정적인
태도를 보인 건 사실이지만, 그건 현실 속에서 인민을
억압하고 착취하는 지배체제의 앞잡이였거나 그 지배체제
자체였던 기독교를 대상으로 한 것이지 예수를 대상으로
한 건 아니다. 기독교인들이 예수를 기독교와 분리시켜
생각하지 않는데 그들이 굳이 예수를 기독교와 분리시켜
생각할 이유가 있는가? 자본주의는 예수의 이웃 사랑과
적대적인 사회체제이며, 그 자본주의 체제를 넘어서려는
사회주의의 기본 정신이 예수의 이웃 사랑에 닿아 있다는
건 분명하다. 예수의 이웃 사랑은 '사회주의를 반대하는

어떤 것'이 아니라 '사회주의를 넘어서는 어떤 것'이다. 진정한 기독교인은 '선량한 자본주의자'가 아니라 '특별한 사회주의자'인 것이다.

물론 예수의 이웃 사랑을 돈과 물질적인 차원으로 국한해선 안 된다. 예수의 이웃 사랑은 문화적이고 정신적인 가치까지 포괄한다. 그러나 돈과 물질의 정의를 이루지 못한 사회에서 강조되는 모든 문화적이고 정신적인 가치들은, 돈과 물질을 독점한 극소수 지배계급이 그 불의한 상태를 덮고 유지하는 데 악용되기 십상이다. 우리는 돈과 물질을 지나치게 중요시하거나 그에 집착해서가 아니라, 오히려 그러지 않기 위해서, 그래서 문화적이고 정신적인 가치, 영적인 가치에 우리의 삶과 사회적 정열을 더 많이 할애하기 위해서, 돈과 물질의 정의를 이루어야 한다.

35 그런데 예수께서는 성전에서 가르칠 때에 대답하여 말씀하셨다. "어떻게 율사들이 그리스도는 다윗의 아들이라고 말할 수 있습니까? 36 다윗 자신이 성령으로 말미암아 말한 적이 있습니다. '주께서 내 주님께 말씀하셨도다. 내가 네 원수들을 네 발아래 잡아 놓을 때까지 너는 내 오른편에 앉아 있어라.' 37 다윗 자신이 그리스도를 주님이라고 불렀는데 어떻게 그리스도가 다윗의 아들이

되겠습니까?" 많은 군중이 그분의 말씀을 즐거이 들었다.
38 그리고 그분은 가르치시며 말씀하셨다. "여러분은
율사들을 조심하시오. 그들이 좋아하는 짓은 기다란 예복을
입고 돌아다니는 것, 장터에서 인사받는 것, 39 회당에서도
높은 좌석, 잔치에서도 높은 자리를 차지하는 것입니다.
40 과부들의 가산을 등쳐 먹고, 또한 돋보이려고 길게
기도하는 이런 사람들이야말로 더 엄한 심판을 받을
것입니다."

이스라엘 남자들은 축일에 두루마기 같은 예복을 입었는데
율사들과 바리사이인들은 더 긴 예복을 입곤 했다. 율사들이
지나가면 사람들은 일손을 멈추고 "선생님"(랍비)이라고
부르며 인사했다. 회당에서 사람들은 전면의 성경보관소를
향해 앉았는데 율사들은 성경보관소를 등지고 사람들을 향해
앉았다. 그리고 율사가 잔칫집에 오면 매우 영광스럽게 여겨
상석에 모시곤 했다. 그들은 어디서든 경건하게 행동했다.
그러나 예수는 그들이 "과부들의 가산을 등쳐 먹고 또한
돋보이려고 길게 기도하는" 위선자들이라 힐난한다.

우리는 예수가 율사들의 다른 숨겨진 모습을 폭로하는 게
아니라 인민들에게 존경받는 율사들의 모습을 그대로 열거한
후 그 모습 그대로가 위선적이라 폭로한다는 점에 주목해야

한다. 우리는 오늘 세상의 율사들을 생각해야 한다. 이른바 시민으로서 양심과 윤리로 무장하고 그에 맞게 실천하고 행동함으로써 모든 사람의 존경과 신망을 얻는, 그러나 정작 고통받는 사람들의 문제에 대해선 근본적인 변혁이 아니라 동정과 시혜의 방식으로만 접근하여, 그 고통의 구조를 영속화하는 '저명한 사람들'을.

41 그리고 예수께서는 헌금함 맞은편에 앉아서 군중이 헌금함에 돈을 넣는 모양을 보고 계셨다. 여러 부자들이 많이 넣고 있었다. 42 그런데 한 가난한 과부가 와서는 렙톤 두 닢을 넣었다. 이것은 과드란스 한 닢인 셈이다. 43 그러자 예수께서는 당신 제자들을 가까이 부르시고 그들에게 말씀하셨다. "진실히 여러분에게 말하거니와, 헌금함에 넣은 어느 누구보다도 이 가난한 과부가 더 많이 넣었습니다. 44 사실 모두 그 넘치는 가운데서 얼마씩을 넣었지만, 이 과부는 그 구차한 가운데서 가진 것을 모두, 그의 생활비를 다 넣었기 때문입니다."

2렙톤은 날품팔이 하루 품삯인 1데나리온의 32분의 1에 해당하는 아주 작은 돈이다. 부자의 헌금은 얼마라고 적혀 있진 않지만 과부와는 비교할 수 없이 큰돈임이 분명하다. 그런데 예수는 '과부의 헌금이 부자의 헌금보다 더 많다'고 말한다. 대체 이게 무슨 소린가?

예수는 기존에 우리가 알고 있는 것과는 전혀 다른 가치 기준, 바로 하느님 나라의 가치 기준을 선포한다. 하느님 앞에서 모든 사람은 다 귀한 존재들이다. 지구와 지구에서 나는 모든 것을 고루 나누어 사용할 권리를 가진 존재들이다. 부자란 무엇인가? 다른 사람보다 훨씬 많이 가진 사람이다. 말하자면 다른 사람보다 훨씬 많이 가짐으로써 지나치게 적게 가진 사람을 존재하게 하는 사람이다. 하느님 앞에서 부자는 부자인 것만으로도 부끄러워해야 마땅하다. 부자가 가진 것의 극히 일부만을 내놓고도 사람들 앞에서 으스대는 건 얼마나 부당한 일인가.

유대교가 이스라엘 사람들에게 우리가 생각하는 종교의 범주를 넘어선 것이기에 헌금 역시 종교적 범주를 넘어선 의미로 생각해야 한다. 여기에서 헌금은 우리가 알고 있는 '사회적 기부'에 해당한다고 보는 게 좀더 정확할 것이다. 우리는 부자와 가난한 과부의 '헌금 에피소드'를 부자와 가난한 과부의 '기부 에피소드'로 옮겨 생각해 봐야 한다. 우리는 예수 당시의 사람들과 마찬가지로 사회적 기부의 많고 적음을 그 액면 금액으로 평가하곤 한다. 그래서 세계적인 부자가 보통 사람들은 상상할 수 없는 거액을 기부할 때 갖은 존경과 칭송을 아끼지 않는다. 많은 부모들은 때를 놓치지 않고 제 아이에게 그 부자의 전기를 사 주며 말한다. '보렴, 부자가 되어야 훌륭한 일을 많이 할 수 있단다.'

그러나 하느님 나라의 가치 기준은 그 돈의 세속적 액면 금액이 아니라 내용이다. 그 상상할 수 없는 거액이 그걸 기부한 부자에게 재산의 극히 일부일 뿐이라면, 그 돈은 하느님 나라의 가치 기준에서 보잘것없이 적은 돈일 뿐이다.

기존의 가치 기준에 익숙한 사람들은 예수가 제시한 하느님 나라의 가치 기준을 수긍하기 어렵고, 설사 수긍한다 해도 실제 생활에 선뜻 받아들이기 어렵다. 그러나 받아들인 사람은 바로 그 순간 하느님 나라에 들어선다. 세상은 아직 변화하지 않았지만 그는 이미 하느님 나라에서 살기 시작하는 것이다. 교회가 정해 놓은 어떤 절차나 과정과 무관하게 하느님 나라에서 사는 건 이미 우리에게 주어진 자유로운 선택인 것이다. 그 선택은 자유롭지만 누구에게나 똑같이 쉽거나 어려운 건 아니다. 재산이 많을수록 그 선택은 어렵고 재산이 적을수록 그 선택은 쉬울 수밖에 없다. 엄청난 부자가 전 재산을 몽땅 내놓는 일은 얼마나 어려운가? 그러나 땡전 한 푼 없는 가난뱅이가 전 재산을 몽땅 내놓는

일은 얼마나 쉬운가? 또 가난한 사람은 남보다 적게
가짐으로써 모든 사람이 고루 갖게 하는 훌륭한 사람이다.
'가난한 사람에게 복이 있으며 하느님 나라는 가난한
사람들의 것'이라는 예수의 말은 그러므로 당연한 이치일
뿐이다.

복되어라, 가난한 사람들!
하느님 나라가 그대들의 것이니.
복되어라, 지금 굶주리는 사람들!
그대들은 배부르게 되리니.
복되어라, 지금 우는 사람들!
그대들은 웃게 되리니.
(루가 6:20~21)

제 13 장

1 그리고 예수께서 성전을 떠나가실 때에 그분의 제자 중 한 사람이 "선생님, 보십시오. 얼마나 멋진 돌이며 얼마나 멋진 건물입니까!" 하고 그분에게 말하자 2 예수께서는 그에게 말씀하셨다. "당신은 저 웅장한 건물을 보고 있지요? 그러나 돌 위에 돌 하나도 여기에 남아 있지 않고 허물어질 것입니다."

'개발독재의 원조' 헤로데 왕(BC 37~34)은 폭압적인 통치를 하는 한편 온갖 대형 토목공사로 인민들의 환심을 사려 했다. 예루살렘 성전은 그 가운데서도 가장 공이 많이 들어간 공사였다. 당대의 건축 기술과 예술을 총동원한 예루살렘 성전은 BC 19년에 시작하여 82년 만인 AD 63년에야 완성되었다. 성전은 가로 300미터 세로 480미터의 크기로 모두 하얀 대리석으로 쌓아 올렸고, 외면의 상당 부분이 황금으로 칠해졌다. 성전을 보고 찬탄하지 않는 사람이 없었다. 황량한 사막과 산을 넘어 예루살렘으로 향하는 순례자들은 어느 순간 저 멀리서 찬란하게 빛나는 예루살렘 성전을 발견하고 저도 모르게 하느님의 위대함을 찬양하며 무릎 꿇곤 했다.

그러나 예수는 제자가 무안해할 만큼 차갑게 '다 무너지고 말 것'이라고 말한다. 예수의 마음속에서 성전은 이미 무너져 있다. 성전은 하느님의 거처도 만민이 기도하는 집도 아니며 외세와 결탁해 인민을 억압하고 벗겨 먹는 "강도들의 소굴"일 뿐이다. 휘황한, 누구나 찬탄하는 아름다운 외양은 그 강도짓을 위한 장식일 뿐이다. 강도의 소굴은 그저 강도의 소굴로 여겨져야 한다. 많은 인민들이 그 휘황함에 현혹되어 있기에 예수는 더욱 단호할 수밖에 없다.

예루살렘 성전은 AD 70년에 로마군에 의해 파괴되고 지금은 '통곡의 벽'이라 부르는 서쪽 옹벽 일부만 남아 있다. 학자들은 '다 무너질 것'이라는 예수의 말이 바로 그 일을 예언한 것이라 해석하기도 한다. 혹은 「마르코복음」 작가가 예수의 입을 빌려 그 일을 말하고 있다고 해석하기도 한다. 개연성이 있는 이야기지만, 중요한 건 예수가 말하려는 것이 성전 '건물'은 아니라는 점이다.

3 그리고 예수께서 올리브 산에서 성전 맞은편에 앉아

계실 때에 베드로와 야고보와 요한과 안드레아는 따로 그분께 물어 보았다. 4 "저희에게 말씀해 주십시오. 언제 이런 일들이 일어나겠으며 이 모든 일들이 완성될 때 어떤 표징이 나타나겠습니까?" 5 그러자 예수께서는 그들에게 말씀하시기 시작했다. "여러분은 누구에게 속지 않도록 조심하시오. 6 많은 사람들이 내 이름을 내세우며 와서는 '내가 그리스도이다' 하면서 많은 이들을 속일 것입니다. 7 그리고 여러분이 전쟁 (소식)과 전쟁 풍문을 듣게 되더라도 당황하지 마시오. 그런 일은 일어나게 마련이지만 아직 종말은 아닙니다. 8 사실 민족이 민족을 반대하여 일어나고 나라가 나라를 반대하여 일어나며 곳곳에 지진이 일어나고 기근이 들 것입니다. 이런 일들은 진통의 시작입니다.
9 여러분은 스스로 조심하시오. 사람들이 여러분을 법정과 회당으로 넘길 것이요, 여러분은 매를 맞을 것입니다. 또한 여러분은 나 때문에 총독들과 임금들 앞에 서게 되고 그들에게 증거하게 될 것입니다. 10 우선 복음이 모든 민족에게 선포되게 마련입니다. 11 사람들이 여러분을 끌고 가서 넘겨줄 때에 여러분은 무슨 말을 할까 미리 걱정하지 마시오. 오히려 그 시간에 여러분에게 일러 주시는 대로 말하시오. 사실 말하는 이는 여러분이 아니라 성령이십니다.
12 형제가 형제를 넘겨주어 죽게 하고 아비도 자식을 그렇게 할 것입니다. 또한 자식들은 부모를 반대하여 들고일어나

부모를 죽일 것입니다. 13 여러분은 내 이름 때문에 모든 사람에게 미움을 받을 것입니다. 그러나 끝까지 참고 견디는 사람이야말로 구원을 받을 것입니다." 14 "황폐의 흉물이 있어서는 안 될 곳에 서 있는 것을 여러분이 보게 될 때— 독자는 알아들으시오— 그때에 유다에 있는 사람들은 산으로 도망가시오. 15 그리고 지붕 위에 있는 사람은 내려오지도 말고 제 집안에서 물건을 꺼내러 들어가지도 마시오. 16 또한 들에 있는 사람은 제 겉옷을 가지러 뒤로 돌아서지 마시오. 17 불행하도다, 그날에 임신한 여자들과 젖 먹이는 여자들은! 18 이런 일이 겨울에 일어나지 않도록 기도하시오. 19 그날에 재난이 닥칠 것이니, 그런 재난은 하느님께서 창조하신 세상 시초부터 지금까지 없었고 또 없을 것입니다. 20 주께서 그날들을 줄여 주시지 않았더라면 어떠한 사람도 구원받지 못할 것입니다. 그러나 주께서는 당신이 뽑으신 선민들을 위하여 그날들을 줄여 주셨습니다. 21 그때에 어떤 사람이 여러분에게 '보라, 그리스도가 여기 계시다, 보라, 저기 계시다' 하더라도 믿지 마시오. 22 사실 거짓 그리스도들과 거짓 예언자들이 일어나서, 할 수만 있다면 선민들까지도 속여 넘기려고 표징들과 기적들을 행할 것입니다. 23 그러니 여러분은 조심하시오. 나는 여러분에게 모든 것을 미리 말해 둡니다." 24 "그러나 그 무렵에, 그 재난 후에 해는 어두워지고 달은 제 빛을 내지 않으며

25 별들은 하늘에서 떨어지고 하늘에 있는 권세들은 뒤흔들릴 것입니다. 26 그때에 사람들은 인자가 구름에 싸여 큰 권능과 영광을 갖추고 오는 것을 보게 될 것입니다. 27 그때에 그는 천사들을 보내어, 땅 끝에서 하늘 끝까지 사방에서 [그의] 선민들을 모을 것입니다." 28 "여러분은 무화과나무에서 비유를 배우시오. 이미 그 가지가 연해지고 잎이 돋으면 여러분은 여름이 다가온 줄 압니다. 29 이처럼 여러분도 이런 일들이 일어나는 것을 보거든 종말이 문 앞에 다가온 줄 아시오. 30 진실히 여러분에게 말하거니와, 이 모든 일들이 이루어질 때까지 이 세대는 결코 사라지지 않을 것입니다. 31 하늘과 땅은 사라질지라도 내 말은 결코 사라지지 않을 것입니다." 32 "그러나 그날과 그 시간에 대해서는 아무도 모릅니다. 아버지가 아니고서는 하늘에 있는 천사들이나 아들까지도 모릅니다. 33 여러분은 조심하고 깨어 있으시오. 사실 여러분은 그때가 언제일는지 모르기 때문입니다. 34 그것은 자기 집을 버리고 여행을 떠나는 사람의 경우와 같습니다. 그는 자기 종들에게 권한을, 곧 각자에게 제 할 일을 맡겨 주고, 문지기에게는 깨어 지키라고 명령했습니다. 35 그러니 여러분은 깨어 지키시오. 사실 여러분은 집주인이 저녁, 한밤중, 닭이 울 때 혹은 새벽 중 언제 돌아올지 모르기 때문입니다. 36 집주인이 갑자기 돌아와서 여러분이 잠자고 있는 것을 발견하는 일이 없도록 하시오. 37 내가 여러분에게

하는 말은 모든 사람에게 하는 말입니다. 깨어 지키시오."

이 묵시문학적 예고는 예수의 말이 아니라 「마르코복음」의
작가가 당시의 교회 공동체의 상황을 예수의 입을 빌려
적은 것으로 보인다. AD 64년경 네로가 로마 대화재를
기독교인들의 짓으로 뒤집어씌워 탄압을 시작한 후
기독교인들은 지하로 숨어든 상태였다. 팔레스타인에선
유다 해방군이 결국 AD 70년 로마군에 패배하여 예루살렘
성전이 파괴되는 상황이었다. 기독교인들은 아무런 희망도
전망도 찾을 수 없었다. '깨어 있으라'는 말이 반복되는
것에서 우리는 공동체의 성원들이 심각하게 동요했고 적잖은
이탈자도 생겨났다는 걸 짐작할 수 있다.

그들은 세상의 종말이 다가왔다는 생각에 젖어 들었다.
그들은 묵시문학적 방법으로 그들의 현실과 보이지 않는
미래를 그린다. 묵시문학적 서술의 특징은 표현들이 매우
상징적이고 추상적이라는 것이다. 우리는 그 서술을
통해 당시의 상황과 당사자들의 상태를 짐작할 수 있다.
그러나 묵시문학적 표현의 자자구구를 모두 사실적
표현으로 받아들이면 큰 오류에 빠지게 된다. "이 모든
일들이 이루어질 때까지 이 세대는 결코 사라지지 않을
것입니다"라는 말을 예로 들어 보자. 이 말을 곧이곧대로

받아들이면 예수는 거짓 예언을 한 셈이 된다. 그러나 묵시문학적 표현이라는 것을 감안한다면, 예수는 특정한 시기를 말한 게 아니라 '하느님 나라가 임박했다'는 사실을 강조하는 것이라 이해할 수 있다. 또 이 말이 「마르코복음」의 작가가 예수의 입을 빌려 한 말이라면, 동요하고 불안에 떠는 공동체의 성원들에게 '하느님 나라가 임박했으니 마음 강하게 먹고 이 어려움을 이겨 내자'라고 하는 독려의 뜻으로 이해할 수 있다.

제 14 장

1 이틀 후에는 해방절과 무교절을 지낼 참이었다. 그런데 대제관들과 율사들은 어떻게 하면 그분을 속임수로 붙잡아 죽일까 궁리하고 있었다. 2 그들은 "백성의 소동이 일어날지도 모르니 축제중에는 안 됩니다"라고 했다.

해방절과 무교절은 본디 다른 축제였으나 예수 당시엔 하나로 지냈다. 대제관은 성전의 우두머리이자 유다 최고 의사 결정 기구인 산헤드린의 의장이기도 했다. "대제관들"은 현직 대제관 가야파(AD 18~36)를 비롯한 산헤드린 의장을 지낸 제관 귀족들을 말한다. 지배세력은 예수를 죽이기로 한 지 오래고, 남은 건 단지 무리 없이 죽이는 시점과 방법이다. 물론 예수도 그 사실을 잘 알고 있다. 팽팽한 긴장이 그들과 예수 사이에 흐른다. 그리고 그 긴장이 낳은 일시적 힘의 진공상태 속에서 예수의 마지막 행보가 이어진다.

3 그리고 그분이 베다니아에서 나병 환자 시몬의 집에 계셨을 때였다. 그분은 상을 받고 계셨는데 어떤 여자가 순수하고 값진 나르도 향유가 든 옥합을 가지고 와서 그 옥합을 깨뜨려 (향유를) 그분 머리에 부었다. 4 그러자 어떤 이들은 자기네끼리 불평했다. "왜 향유를 이렇게 허비하는가. 5 그 향유를 300데나리온 이상 (받고) 팔아서 가난한 사람들에게 나누어 줄 수 있었을 터인데." 그러고서는 그 여자에게 화를 냈다. 6 그러자 예수께서는 이렇게 말씀하셨다. "그 여자를 놓아두시오. 왜 그를 괴롭힙니까? 그 여자는 내게 좋은 일을 했습니다. 7 사실 여러분은 여러분 주변에서 가난한 사람들을 항상 만나게 되므로, 원할 때는 그들에게 잘해 줄 수 있습니다. 그러나 나를 항상 만나는 것은 아닙니다. 8 이 여자는 할 수 있는 일을 했습니다. 안장을 위해서 내 몸에 향유 바르는 일을 앞당겨 한 것입니다. 9 진실히 여러분에게 말합니다. '온 세상 어디든지 복음이 선포되는 곳마다 이 여자가 한 일도 전해져서 그를 기억하게 될 것입니다.'"

만일 여자가 예수에게 향유를 붓고 싶다고 먼저 말했다면 예수는 틀림없이 제자들 말마따나 "팔아서 가난한 사람들에게 나누어 줄" 것을 권했을 것이다. 1데나리온은 날품팔이 하루 임금에 해당하며 당시 한 식구의 1년

최저생계비가 200데나리온가량이었으니 300데나리온이면 꽤 큰돈이다. 그러나 여자는 이미 향유가 든 옥합을 깨트려 예수의 머리에 부었다. 이 시점에서 할 일은 여자의 행동에 대한 하나 마나 한 논평이 아니라 이해와 존중이다. 그들은 '좀더 가치 있게 쓸 방법'을 말하지만 실은 이 당돌한 여자에 대한 마땅치 않은 마음을 드러내고 있다. '어디서 감히 여자가' 하는 것이다. 예수는 바로 그 점을 꼬집어 말한다.

"가난한 사람들을 항상 만나게 되므로"라는 말은 가난한 사람들이 언제나 존재할 수밖에 없으니 그걸 해결하려고 애쓰지 말라는 말이 아니라 제자들의 가식적 태도에 대한 지적이다. 여자가 그 비싼 향유를 팔면 가난한 사람을 도울 수 있다는 사실을 몰라서 예수의 머리에 부은 건 아니었을 것이다. 사람의 삶엔 수치로 계량할 수 없는 절절한 순간이 있는 법이다. 예수는 임박한 수난과 죽음 앞에서 여전히 의연한 모습을 유지하는 듯하지만 한편으론 고독과 두려움에 번민한다. 여자는 그런 예수에게 최대한의 존경심을 표시하면서, 동시에 마치 엄마가 죽음을 앞둔 아이를 품듯이, 온 마음을 다해 위로의 인사를 하는 것이다. 또한 이스라엘 전통에서 '머리에 기름을 붓는 일'은 왕의 즉위식을 뜻한다. 호화로운 궁궐이 아니라 세상에서 버림받은 나병 환자의 집에서 열린 왕의 즉위식. 예수는 왕이다. 인민들에게 군림하는 기존의 왕과는 정반대의 자리에 선 왕, 사람이 어떻게 살아야 하는지 함께 어떤 세상을 만들어야 하는지를 누구보다 먼저 실천하고 보여 주는 왕이다.

10 그리고 열두 (제자) 중의 하나인 유다 이스가리옷이 대제관들에게 가서 예수를 [그들에게] 넘겨주기로 했다. 11 그들은 듣고서 기뻐하며 그에게 돈을 주기로 약속했다. 그리하여 유다는 어떻게 하면 그분을 적당한 때에 넘겨줄 수 있을까 궁리하게 되었다.

유다는 왜 예수를 배신했을까? 아이들이 유년 주일학교에서 배우듯, 돈 때문에?「마태오복음」엔 유다가 "은전 서른 닢"을 받았다고 적혀 있다.(마태 26:15) 은전 단위는 세겔인데 1세겔은 4데나리온이니 30세겔은 120데나리온에 해당한다. 적은 돈은 아니지만 3년 동안 고락을 같이하던 스승을 배신할 수 있는 정도의 돈은 아니다. 나병 환자 시몬의 집에서 여자가 예수의 머리에 부은 향유가 300데나리온어치였다. 설사 유다가 돈을 원했다 해도, 그는 예수를 따르는 무리의 회계로서(요한 13:29) 진즉에 그만 한 돈을 취할 수 있었을 것이다. 그래서 유다의 배신에 대해선 다양한 견해들이 존재한다. 이를테면 니코스 카잔차키스는 『최후의 유혹』에서 예수가 예정된 수난과 죽음을 통해 메시아의 사명을 완수하기 위해 유다에게 자신을 배신해 줄 것을 부탁한다는 견해를 낸다. 근래 공개된 「유다복음」에도 비슷한 이야기가 실려 있다. 그러나 예수가 자기 수난과 죽음을 예상한 건 분명하지만, 수난의 각본에 자신을 끼워 맞추기 위해 제자와 공모를 했다는 건 예수의 행동 양식과 거리가 멀다.

유다가 왜 배신했는지에 관해 우리는 예수와 제자들 사이의 갈등에서 실마리를 풀 수 있다. 3년여의 도정이 마무리될 즈음, 예수가 영광이 아니라 수난의 길을 갈 것임을 분명히 하고 난 다음부터 점점 커 가는 갈등에서 말이다. 예수가 자신들이 바라는 메시아의 길을 가려는 게 아니라는 사실이 분명해지면서 제자들은 처음엔 어리둥절해 어찌할 바를 모르지만 이내 깊은 실망과 자괴감 속으로 빠져 들어간다. 이게 무슨 꼴인가, 고작 이런 꼴을 보려고 식구들 다 팽개쳐 두고 그 고생을 했던가, 조국의 해방은 이제 어디에서 누구에게서 다시 실마리를 찾아야 한단 말인가, 하는 번민이 제자들에게 엄습한다. 물론 예수는 제자들의 그런 번민을 잘 안다. 그래서 이렇게 저렇게 설명하고 달래고 때론 답답한 마음에 역정도 내 보지만, 마음의 귀가 닫힌 제자들은 아랑곳하지 않는다. 그리고 그 제자들 가운데 한 사람이 번민을 멈추기로 결심한다.

예수는 이스라엘의 모든 주요한 사회세력이 함께 죽이려 하는 인물이 된다. 헤로데 일파와 성전 지배세력, 그리고 바리사이인들과 해방운동 세력. 그들은 서로 반목하거나 싸워 없애야 할 원수지간이지만 예수를 제거하려는 데는 일치를 보인다. 사실 이런 일은 매우 드물다. 헤로데 일파와 성전 지배자들 같은 명백한 악의 세력이 예수를 죽이려는 거야 당연하다 하더라도 바리사이인들과 해방운동 세력처럼 인민들에게서 존경과 지지를 받는 세력들까지 예수를 죽이려 하는 건 성립하기 어려운 상황이다. 이런 희한한 상황이 일어나는 이유는 예수가 기존 사회적 갈등의 일부로 포함되지 않고 그 틀을 뛰어넘어 버렸기 때문이다. 예수는 기존의 악의 세력에 대해 분노할 뿐 아니라, 그 악의 세력과 싸우는 '정의로운' 사람들에 대해서도 망설임 없이 분노한다. 예수는 그들의 지향과 노선을 인정하면서 그들 안의 위선이나 허위를 문제 삼는 게 아니다. 예수는 그들의 정의 자체에 대해 문제 삼는다. 바리사이인과 해방운동 세력이 말하는 '정의'는 진정한 해방이나 하느님 나라와는 동떨어진 세상을 좇는다는 게 예수의 생각이었다. 예수의 생각이 달랐던 가장 큰 이유는 예수의 생각의 틀이 달랐기 때문이다. 앞서 말했듯 예수는 이스라엘 민족 전체를 단위로 사고하지 않고 인권을 박탈당한 인민들을 기반으로 사고했다. 바리사이인들의 개혁 운동은 인민들에겐 또 다른 억압의 체제였으며, 민족 해방운동 세력이 이룰 세상 또한 인민들의 처지에선 아무것도 달라질 게 없었다.

사람들이란 대개 기존의 사회적 갈등의 틀 안에서 저 사람은 어느 편인가, 어디에 속하는가를 따지곤 한다. 선과 악, 정의와 불의, 아군과 적군 따위 모든 것이 그렇게 구분되고 정의된다. 그 틀에서 훌쩍 벗어나는 예수가 제대로 이해받지 못한 건 자연스러운 일이다. 2,000년이 지난 지금도 마찬가지다. 이를테면 아주 많은 사람들이 '예수는 정치적 혁명이 아니라 영적인 혁명을 하려 했다'고 말하곤 한다. 그러나 그런 말은 '정치적 혁명' 혹은 '영적 혁명'에 대한 그들의 편협한 사고와 이해를 기반으로 할 뿐이다. 말하자면 단지 예수의 활동이 자신들이 생각하는 정치적인 혁명의 틀을 벗어나기 때문에 '그건 정치적 혁명이 아니'라고 말하는 것이다. 그러나 예수는 오히려 진정한 정치적 혁명이 뭔가를 우리에게 보여 준다. 예수는 진정한 정치적 혁명은 영적 혁명을 포함하는 것임을, 아니 정치적 혁명과 영적 혁명은 본디 둘로 나누어지지 않는 하나임을 보여 준다.

하느님이 억압받고 고통받는 인민들, 즉 가난하고 못난 사람들에게 더 주목한다는 생각은 당시 사람들의 생각과 달랐다. 사람들은 현실에서 많은 걸 가진 사람, 큰 부와 명예, 혹은 권력을 가진 사람이 하느님에게서 주목받는다고 생각했다. 알다시피 그런 생각은 '예수의 종교'가 생긴 지 2,000년이 지난 지금도 크게 달라지지 않았다. 그러나 누구든 조금만 생각해 보면 그게 얼마나 말이 안 되는 생각인지 알 수 있다. 우리 주변의 한 평범한 부모를 떠올려 보자. 그 부모는 여러 자식 중에 안락하게 살며 남에게서 충분히 존중받는 자식에게 마음이 쓰이겠는가, 어렵게 살며 형제에게서조차 무시당하는 자식에게 마음이 쓰이겠는가. 당연히 뒤의 자식 때문에 마음이 쓰이고 애가 끊는다. 그 자식이 조금이라도 더 편안하게 살게 되고 그 자식이 다른 사람들과 형제들에게서 인간으로서 존중받게 되는 것이야말로 그 부모가 천국에 이르는 일이다. 만일 그 부모가 그런 자식을 외면하고 안락하게 사는 잘난 자식만 가까이한다면 그걸 아는 모든 사람들은 혀를 차며 욕을 할 것이다. '저걸 부모라고, 저걸 사람이라고!' 하물며 온 인류의 아비인 하느님이야.

하느님이 가진 게 많은 사람, 큰 부와 명예 혹은 권력을 가진 사람에게 주목하며 그들을 축복한다는 생각은 실은 인간의 욕망을, 그리고 그 욕망으로 짜인 세상의 구조와 가치관을 하느님이라는 가상의 대상에 투사한 것일 뿐이다. 정상적인 인간성을 가진 사람이 진정 하느님에 대해 묵상할 때 그런 생각은 발붙일 틈이 없다. 그러니 예수는 특별하고 유별난 생각을 한 게 아니라, 그저 당연하고 자연스러운 생각을 했을 뿐이다. 예수의 특별하고 유별나 보이는 생각들이 실은 대개 다 그렇다.

12 무교절 첫날, 곧 해방절 양을 잡는 날, 그분 제자들이 그분께 "저희가 가서 당신이 해방절 음식을 드시도록 준비하려는데 어디가 좋겠습니까?" 했다. 13 그러자 당신 제자 둘을 보내시면서 그들에게 말씀하셨다. "성 안으로 가시오. 어떤 사람이 물 항아리를 지고 당신들에게로 마주 올 것이니, 그 사람을 따라가시오. 14 그가 들어가는 곳에서 집주인에게 말하시오. '선생님께서, 내 제자들과 함께 해방절 음식을 먹을 내 방이 어디 있느냐고 하십니다.' 15 그러면 그 사람은 당신들에게 자리를 깔아 준비한 큰 2층 방을 보여 줄 것입니다. 거기에다가 우리를 위해서 준비를 하시오."

예수가 예루살렘에 들어온 지 나흘째 되는 날이다. 유다인들은 해방절에 어린 양을 잡아 그 피를 문설주에 바르고 고기는 구워서 먹었다. 그리고 이집트를 탈출하던 고난의 역사를 잊지 않으려는 뜻으로 1주일 동안 누룩을 넣지 않은 떡을 먹었다.

'미리 준비된 나귀'(11:1~6)와 마찬가지로 예루살렘 안의 예수 지지자들은 밀려든 순례객들로 묵을 방을 구하기조차 어려운 축제 기간에 그것도 꽤 큼지막한 집의 2층 방을 예수 일행의 해방절 만찬장으로 마련해 놓았다. 예수를 따르고 지지하는 사람들이 늘 예수가 애정과 관심을 쏟고 어울리던 하층계급의 인민들뿐만은 아님을 알 수 있다. 어느 시대든 피지배계급의 편에 서는 사람, 정치적으로든 종교적으로든(물론 둘은 하나지만) 그들이 억압과 착취를 벗어나 인간으로서 위엄을 회복하길 갈망하는 사람은 당연히 지배계급과 주류 사회의 반감을 얻게 된다. 그러나 사회란 기계가 아니라 인간의 결합체인지라 지배계급과 주류 사회에 속한 모든 개인들이 아무런 예외 없이 그를 적대하는 건 아니다. 지배계급과 주류 사회에 속한 사람들 가운데도 그를 존경하고 지지하는 사람들이 있기 마련이다. 그런 사람들은 대놓고 자신의 생각을 밝히진 못하는 대신 그의 안전을 도모하고 그 활동에 실제적인 도움을 주려고 애쓰게 된다.

예수는 깅칠 같은 신념을 가진 사람이었지만, 세례자 요한처럼 훌륭하면서도 어딘가 무섭고 범접하기 어려운 사람이 아니었다. 예수는 "먹보요 술꾼이며 세관원들과 죄인들의 친구"(2:18~22 강독 부분)라는 별명이 붙을 만큼 소탈한 면모를 가진 사람이었고, 어떤 고정관념이나 교조도 없는 한없이 개방적인 사고를 가진 사람이었다. 이스라엘의 랍비 전통에서도 예언자 전통에서도 찾아보기 어려운 이 독특한 인물에게, 안정된 계급의, 그러나 타락하여 암담할 뿐인 세상을 불편해하던 사람들 가운데 일부가 호감을 가졌으리라는 건 쉽게 짐작할 수 있는 일이다. 그리고 그 호감은 필시 지지와 존경으로 발전되었을 것이다.

16 제자들이 떠나 성안으로 가서 보니 그분이 자기들에게 말씀하신 대로였다. 그리하여 해방절 준비를 했다.
17 저녁때가 되어 그분은 열두 (제자)와 함께 가셨다.
18 그리고 그들이 자리 잡고 먹고 있을 때에 예수께서는 "진실히 여러분에게 말하거니와, 여러분 중의 한 사람, 나와 함께 먹는 사람이 나를 넘겨줄 것입니다"라고 하셨다.
19 그들은 근심하여 차례로 그분께 "설마 저일까요?" 하고 말하기 시작했다. 20 그러자 그분은 그들에게 말씀하셨다. "열둘 중에 한 사람, 나와 함께 대접에 담그는 사람입니다.
21 인자는 자신에 관해서 기록되어 있는 대로 떠나갑니다. 그러나 불행하구나, 인자를 넘겨주는 그 사람! 그 사람은 태어나지 않았더라면 자신을 위해서 좋았을 것입니다."
22 그리고 그들이 먹고 있을 때 빵을 드시고 찬양하신 다음 떼어 그들에게 주시며 말씀하셨다. "받으시오. 이는 내 몸입니다." 23 또한 잔을 드시고 사례하신 다음 그들에게

주시자 모두 그것을 (돌려) 마셨다. 24 그러자 그들에게 말씀하셨다. "이는 피입니다. 계약의 피로서 많은 사람을 위해서 쏟는 것입니다. 25 진실히 여러분에게 말하거니와, 내가 하느님 나라에서 새로 마실 그날까지, 포도나무 열매로 빚은 것을 다시는 마시지 않겠습니다." 26 그리고 그들은 찬송가를 부른 다음 올리브 산으로 떠나갔다.

예수는 자신을 배신한 사람을 알고 있다. 성전세력 핵심에 닿아 있는 예수의 지지자가 배신자를 알려 주었을 수도 있다. 그러나 그렇지 않더라도 예수는 충분히 배신자를 짐작할 수 있다. 제자들과 갈등의 골이 깊어진 상태이고, 각 제자의 성향이나 생각을 잘 알기에 예수는 그들이 자신에게 갖는 불만이나 반감을 표현하는 방식도 알 수 있다. 예수는 그 제자가 물론 야속하지만 그 제자 또한 오늘 대개의 사람들이 알고 있듯 단지 돈이나 세속적인 이해관계 때문이 아니라 제 나름의 신념을 위해, 다시 말해서 이스라엘을 위해 무엇이 최선인가를 번민한 끝에 한 선택이라는 걸 잘 안다. 예수는 물론 그 선택을 지지하진 않지만 그 선택의 진정성을 존중한다. 그래서 배신자를 지목하거나 불거지게 하지 않는다. 예수는 자신을 상징하는 빵과 자신의 수난과 죽음을 상징하는 포도주를 제자들과 나누며 비장한 이별 의식을 치른다.

27 그런데 예수께서는 그들에게 말씀하셨다. "여러분은 모두 걸려 넘어질 것입니다. 기록되어 있기를 '내가 목자를 치겠노라. 그러면 양들은 흩어지리로다'라고 했기 때문입니다. 28 그러나 나는 부활한 후에 여러분에 앞서 갈릴래아로 갈 것입니다." 29 그러자 베드로는 그분께 "모두 걸려 넘어질지라도 저는 그러지 않을 것입니다" 했다. 30 그러니 예수께서는 그에게 "진실히 당신에게 말하거니와, 오늘 이 밤에 닭이 두 번 울기 전에 당신은 나를 세 번 부인할 것입니다" 하셨다. 31 그러자 그는 강경하게 "선생님과 함께 죽는 한이 있더라도 결코 당신을 부인하지 않겠습니다" 했다. 또한 모두 같은 모양으로 말했다.

예수는 제자들이 모두 자신을 버리고 도망할 거라고 말한다. 예수는 마지막 순간까지도 자신을 이해하지 못하는 제자들에게 씁쓸한 마음을 숨기지 않는다. 그러나 예수는 실망과 낙심의 나락으로 추락하는 제자들의 심정 역시 잘 알고 있다. 예수는 그렇게 뿔뿔이 흩어지는 과정을 거치고 나서야 비로소 자신의 말과 생각을 되새기고 이해할 수 있으리라고 생각한다. 그런 과정 없이 억지로 이해시키고 수긍하게 한다 해서 될 일이 아니라고 생각한다. '남의 생각'은 결국 어디론가 사라져 버리기 마련이다. 그리고 예수는 자신이 끝내 다시 일어나 "여러분에 앞서" 갈릴래아로 돌아갈 것이라고 말한다. 물론 여기에서 갈릴래아는 특정 지방의 이름이기도 하지만, 고통받는 인민들의 고향을 상징하는 말이기도 하다. 예수는 자신의 죽음과 제자들의 흐트러짐으로 끝나 버리는 듯한 하느님 나라 운동이 갈릴래아에서, 그러니까 온 세상의 갈릴래아에서 들불처럼 다시 일어나길 기대한다. 그러나 지금 이 순간은 실망과 낙심과 추락의 상태다. 예수에게 제 흔들리는 마음을 들킨 베드로와 제자들은 정색을 하며 부인한다. 그들의 마음은 꼭 그만큼 더 예수를 떠난다.

32 그리고 그들이 게쎄마니라는 곳으로 가자 그분은 당신 제자들에게 "내가 기도하는 동안 여러분은 여기 앉아 있으시오" 하셨다. 33 그러고서는 당신과 함께 베드로와 야고보와 요한을 데리고 가셨다. 그리고 몹시 놀라고 번민하시기 시작했다. 34 그러시면서 그들에게 말씀하셨다. "내 영혼이 죽도록 근심에 싸여 있습니다. 여러분은 여기 머물러서 깨어 있으시오." 35 그러고서는 조금 더 나아가 땅에 엎드려, 될 수 있다면 (수난) 시간이 자기를 비켜 가게 해 주십사고 기도하셨다. 36 그리하여 말씀하셨다. "아빠 아버지, 당신께는 모든 것이 가능하오니, 이 잔을 제게서 거두어 주소서. 그러나 제가 뜻하는 대로가 아니고 당신이 뜻하시는 대로 하소서." 37 그러고서는 와 보시니 그들은

자고 있었다. 그래서 베드로에게 말씀하셨다. "시몬, 당신은 자고 있소? 한 시간도 깨어 있지 못했소? 38 여러분은 유혹에 빠지지 않도록 깨어 기도하시오. 영은 영원하나 육은 연약합니다." 39 그리고 그분은 다시 떠나 같은 말씀을 하면서 기도하셨다. 40 그러고서는 다시 와 보시니 그들은 자고 있었다. 그들의 눈이 졸음으로 감겨 있었던 것이다. 그래서 그분께 무슨 대답을 해야 할지 몰랐다.
41 그리고 세번째로 와서 그들에게 말씀하셨다. "아직도 자고 쉬어야겠소? 됐습니다. 시간이 닥쳤습니다. 자, 인자가 죄인들 손에 넘어갑니다. 42 일어나 갑시다. 자, 나를 넘겨줄 자가 가까이 왔습니다."

예수는 이제 더 이상 공포와 번민을 감추지 않는다. 예수는 세 제자에게 "내 영혼이 죽도록 근심에 싸여" 있다며 제자들에게 함께 기도해 달라고 말한다. 그리고 그들은 두 번이나 깨워도 잠만 잔다. 예수는 "한 시간도 깨어 있지 못했"느냐고 역정을 낸다. 제자들의 이 어이없는 행태는 대개 곧이곧대로 받아들여져 왔다. 물론 그들은 피곤에 절어 있는 상태다. 그러나 아무리 피곤하다고 한들 곧 잡혀가 죽을 스승의 함께 기도해 달라는 부탁을 듣고도 거듭 잠이 든다는 게 말이 되는가? 세상엔 그런 제자도 있긴 하겠지만 예수의 제자들은 적어도 그런 사람들은 아니다. 그들은 이스라엘에서 가장 명석하고 많이 배운 사람들은 아닐지언정, 고통스러운 현실 속에서도 정직하게 노동하고 인간적 진정성을 잃지 않고 살아오다 예수에게 선택된 사람들이다. 그들은 마지막 길을 앞둔 스승 곁에서 한 시간이 아니라 열흘이라도 기도할 수 있는 사람들이다. 그런데 왜?

우리는 제자들의 행동을 텍스트 분석으로 혹은 학술적으로 접근하기보다는 인간적 상상력을 펼쳐, 즉 나 스스로를 그들이 있는 게쎄마니로 이동시켜, 그들의 체취와 고뇌를 맡고 느껴 볼 필요가 있다. 제자들은 예수에게 유다와 다르지 않은 실망감과 배신감을 느끼고 있다. 유다처럼 극단적인 행동을 하거나 노골적으로 불만을 터트리지 않을 뿐, 예수의 곁을 떠나기로 한 건 마찬가지다. 지금 그들의 심사는 매우 복잡하다. 예수가 급기야 의연한 모습을 잃고 "아빠"를 부르며 무서워 벌벌 떨기까지 하자 그들은 어찌할 바를 모른다. 가슴이 아파 찢어지지만 한편으론 당장이라도 예수의 멱살을 잡고 "이 등신아!"라고 소리치고 싶기도 하다. 깨어 기도한다는 건 그런 스승의 모습을 모조리 본다는 것, 스승으로 하여금 품위를 잃은 제 모습을 제자들에게 모조리 보이게 한다는 것이다. 그러니 제자들은 다만 잠들 수밖에, 이 속 깊은 갈릴래아 청년들은 잠시 잠든 체함으로써 스승에 대한 마지막 예의를 갖출 수밖에.

기도를 마친 예수는 제자들을 일으켜 자신을 체포하러 올 자들을 향해 앞장서 걷는다. 방금까지만 해도 벌벌 떨던 모습은 온데간데없다. 예수의 모습은 마치 전혀 다른 두 사람을 합쳐 놓은 듯하다. 매우 평범한 사람과 매우 비범한 사람. 대개의 평범한 사람들은 예고된 죽음의 위협이 닥치면 공포에 질려서 번민하다 결국 숨거나 도망치게 된다. 예수도 대개의 평범한 사람들과 다를 바 없이 공포에 질려 번민하지만, 결국에는 숨거나 도망치지 않고 제 길을 간다. 예수의 모습은 우리에게 '비범한 사람'에 대해 다시 한 번 생각하게 한다.

우리는 죽음의 공포를 이겨 내는 비범한 사람으로 두 가지 유형을 알고 있다. 전사와 도사. 전사는 혹독한 싸움을 거듭 경험하면서 무쇠처럼 강해져 죽음조차 두려워하지 않게 된 사람이다. 도사는 고도의 정신적 수련으로 삶과 죽음이란 결국 허상일 뿐이라 생각하게 된 사람이다. 그러나 예수는 우리에게 비범한 사람이 되라고 요구하지 않는다. 예수는 우리에게 우리의 본디 모습을 그대로 유지하면서 비범한 상태에 이를 수 있음을 보여 준다. 만일 우리가 모두 무쇠처럼 강한 전사가 된다면 우리는 어떤 공포와 번민 앞에서도 흔들리지 않을 것이다. 그러나 무쇠처럼 강해진다는 건 무쇠처럼 무디어지는 것이기도

하다. 주먹으로 사람을 치는 것조차 고통스러워하던 사람이 어느새 사람 여럿을 죽이고도 태연하게 밥을 먹는 사람으로 변화하는 것이다. 강해졌다고 생각하지만 그만큼 인간성이 무디어진 것이다. 그런 전사들이 이룰 수 있는 세상은 인간이 아닌 무쇠 덩어리로 가득한 세상일 것이다.

또한 예수는 우리에게 도사가 되라고 하지 않는다. 우리는 공포와 번민을 낳는 '색의 세계'를 뛰어넘는 경지에 이른 사람들에게 감탄한다. 그러나 그보다 더 깊은 경지는 공포와 번민을 그대로 느끼면서 그것을 이겨 내는 것이다. 약하고 흔들리는 인간이기에 공포와 번민은 당연하다. 그러나 또한 하느님의 형상대로 지어진 인간이기에 그 공포와 번민을 끝내 이겨 낼 수 있다.(12:28~34 강독 부분) 우리는 가장 인간적일 때 비로소 신적일 수 있으며, 그래서 우리는 누구나 신적일 수 있다. 1970년대 한국의 어느 평범한 청년 노동자가 남긴 편지는 그 한 선연한 예다.

"그대들이 아는, 그대들의 전체의 일부인 나.
힘에 겨워 힘에 겨워 굴리다 다 못 굴린,
그리고 또 굴려야 할 덩이를 나의 나인 그대들에게 맡긴 채.
잠시 다니러 간다네. 잠시 쉬러 간다네."
(전태일 유서 중에서, 1970)

43 그리고 그분이 아직 말씀하고 계실 때 즉시 열두 (제자) 가운데 하나인 유다가 왔다. 그리고 그와 함께 대제관들과 율사들과 원로들이 보낸 군중이 칼과 몽둥이를 들고 왔다. 44 그런데 그분을 넘겨줄 자는 그들과 암호를 짜서 "내가 입 맞출 사람이 바로 그 사람이니 그를 붙잡아 단단히 끌고 가시오" 하고 말해 두었었다. 45 그리고 그가 와서는 즉시 그분께 다가와 "랍비" 하고 말하면서 그분께 입을 맞추었다. 46 그러자 그들은 그분께 손을 대어 그분을 붙잡았다. 47 그런데 거기 서 있던 이들 가운데 [어느] 한 사람이 칼을 빼어 대제관의 종을 쳐서 그의 귓바퀴를 잘라 버렸다. 48 그러자 예수께서는 대답하여 그들에게 말씀하셨다. "여러분은 강도라도 대하듯이 나를 잡으러 칼과 몽둥이를 들고 나왔군요. 49 내가 날마다 여러분과 함께 성전에 있으면서 가르쳤으나 여러분은 나를 붙잡지 않았습니다. 결국 성경(말씀)이 이루어지기 위함입니다." 50 그러자 모두 그분을 버리고 달아났다. 51 그런데 어떤 청년이 알몸에 삼베를 두른 채 그분을 따라가고 있었다. 사람들이 그를 붙잡자 52 그는 삼베를 버리고 알몸으로 달아났다.

잠시 칼을 휘두르는 접전이 벌어진다. 「마태오복음」과 「루가복음」엔 예수의 제자(일행) 중 한 사람이 칼을 휘둘렀다고 적혀 있다.(마태 26:51, 루가 22:49~50) 품고

있던 단검으로 사람을 해치는 장면은 유다 저항세력 가운데
시카리파를 떠올리게 한다. 시카리파는 이름 그대로
'시카리'라고 불리는 단검을 휴대하고 다니며 이스라엘의
반역자나 적을 처단하는 테러 조직이었다. 물론 예수의
조직이 시카리파였다거나 폭력을 주요한 활동 방법으로
선택한 건 아니었지만, 이 장면은 적어도 예수와 그의
제자들이 그저 폭력의 현장에 멀찌감치 떨어져 살아온
유약한 사람들은 아니었음을 드러낸다.

예수는 오히려 폭력에 매우 익숙한 사람이었다.
갈릴래아에선 크고 작은 봉기가 셀 수 없이 일어났다.
예수는 그런 현장을 외면할 수 있는 특권계급이 아니었다.
예수가 형 혹은 삼촌이라 부르던 사람들이 무수히 죽어 갔고
나중엔 친구와 동생들이 죽어 갔을 것이다. 예수의 제자들도
마찬가지였다. 말하자면 그들은 오늘 이스라엘로부터 압살
당하는 팔레스타인 점령 지구의 청년들과 같다.

그들이 비폭력을 지향했던 건 분명하나, 폭력의 현장에서
멀찌감치 떨어져 앉아 '폭력은 나쁜 거야'라고 설파하는
한심하고 염치없는 비폭력주의자들이 아니었다는 건 더욱
분명하다. 사실 예나 지금이나 '폭력주의자'는 존재하지
않는다. 싸움질을 벌여 파출소에 잡혀 온 동네 양아치도

자신은 싸우고 싶지 않았다고 주장하며, 끊임없는 침략 전쟁을 벌이는 제국주의자들도 전쟁이 싫지만 '악의 세력에 저항하기 위해' 어쩔 수 없다고 말한다. 말하자면 세상에 비폭력주의자가 아닌 사람이 없는데 온 세상이 폭력으로 돌아가는 것이다. 이런 현실에서 비폭력주의는 무엇인가?

비폭력주의는 오로지 폭력의 현장에서만 주장될 수 있다. 제국의 미사일 공격에 제 새끼가 찢겨 죽은 어미가 죽음보다 더한 슬픔을 뚫고 '우리는 똑같은 폭력의 보복을 해선 안 된다'고 말할 때 우리는 누구도 그 말을 무시할 수 없을 것이다. 그러나 그런 폭력의 현장에서 멀찍이 떨어져 1년 내내 뺨 한번 맞을 일 없는 사람이 점잖은 얼굴로 '저항으로서 폭력도 폭력이다'라고 뇌까리는 건 참으로 몰염치한 짓이며 폭력의 피해자에게 가해자의 폭력보다 더 끔찍한 폭력이 된다.

비폭력주의의 목표는 '비폭력'이 아니라 '저항'이라는 걸 잊어선 안 된다. 예수는 결코 안온한 예배당이나 연구실에서 비폭력론을 주장하지 않았다. 예수는 언제나 폭력의 현장에서 그 폭력을 몸으로 감당하며 비폭력으로 저항했다. '20세기 비폭력주의 운동의 대명사'라 일컬어지지만 일각에서는 인도 '민족'에 집착하여 인민들의 정당한 투쟁을 훼방한 사람으로 비판받기도 하는 간디조차 '무기력하고 비굴한 비폭력보다는 차라리 정당한 폭력이 낫다'고 말했다. 비폭력주의는 폭력적인 투쟁 방법을 넘어서는 투쟁 방법이지 폭력적인 투쟁 방법에도 못 미치는, 투쟁의 정당성은 부인하지 않으면서도 자신의 안전을 도모하려는 유약한 인텔리들의 요사스러운 말장난이 아니다. 진정한 비폭력주의자들이 결국 폭력에 희생당하는 운명을 갖는 건, 지배체제가 그들에게서 무장투쟁을 선택한 운동가들보다 오히려 더 큰 위협을 느끼기 때문이다.

제자들은 모두 도망한다. 과연 그들은 모든 교회와 학자들이 말하는 대로 '겁이 나서' 도망한 걸까? 그렇게 말하는 건 유다가 돈 몇 푼 때문에 예수를 배신했다고 보는 것만큼이나, 겟세마니 동산에서 세 제자들이 진짜로 잠들었다고 생각하는 것만큼이나 어리석다. 그렇게 도망할 사람들이었다면 처음부터 예수를 따르지도 않았을 것이다. 제자들은 겁이 나서 도망한 게 아니라 예수의 노선에 동의하지 않았기 때문에 흩어진 것이다. 그들은 예수를 따라 떠나온 순간부터 이미 세상을 바꾸는 일에 목숨을 바칠 각오가 되어 있었다. 헤아릴 수 없이 많은 인민들이 그들의 운동에 호응하는, 기쁨과 환희에 찬 나날이었다. 그런데 어느 날인가 그들의 스승이 도무지 이해할 수 없는 개죽음을 선택했다는 걸 알게 된다. 반발하고 말려도 보았지만 소용없는 일이었다. 그들은 겁이 나서 도망친 게 아니라 오히려 마음은 진작 스승을 떠났음에도 마지막 순간까지 스승의 곁을 지킨 것이다. 그리고 스승이 체포되자 비로소 그들은 흩어진다.

53 그리고 그들은 예수를 대제관한테 데리고 갔다. 그러자 전직 대제관들과 원로들과 율사들이 모두 모여 왔다. 54 그런데 베드로는 멀찍이서 그분을 따라 대제관의 내정 안에까지 갔다. 그리고 그는 하인들과 함께 앉아서 불을 쬐고 있었다. 55 그런데 대제관들과 온 의회는 예수를 죽이려고 그분에게 불리한 증언을 찾았으나 발견하지 못했다. 56 많은 사람들이 그분에게 불리한 거짓 증언들을 했지만 그 증언들이 일치하지 않았던 것이다. 57 그러자 몇 사람이 일어서서 그분에게 불리한 거짓 증언을 하며 이렇게 말했다. 58 "우리가 들으니 이 사람은 말하기를 '나는 손으로 지은 이 성전을 헐어 버리고 손으로 짓지 않는 다른 성전을 사흘 만에 세우겠다'고 했습니다." 59 그러나 역시 그들의 증언도 일치하지 않았다. 60 그러자 대제관이 한가운데 일어서서 예수께 질문하여 "당신은 아무런 대답도 하지 않소? 얼마나 이 사람들이 당신에게 불리한 증언을 하고 있습니까?" 했다. 61 그러나 예수께서는 침묵을 지키며 아무런 대답도 하시지 않았다. 다시 대제관은 그분에게 질문하여 "당신이

찬양받으실 분의 아들 그리스도요?" 하고 그분에게 말했다.
62 그러자 예수께서는 말씀하셨다. "내가 (그)입니다.
그리고 여러분은 인자가 전능(하신 분)의 오른편에 앉아
있으며 또한 하늘의 구름에 싸여 오는 것을 보게 될
것입니다." 63 그러시자 대제관이 자기 속옷들을 찢으며
"이제 우리에게 증인들이 무슨 필요가 있습니까?
64 여러분은 저 독성하는 말을 들었습니다. 여러분은 어떻게
보십니까?" 하고 말하자, 모두 그분이 죽을죄를 지었다고
단죄했다. 65 그리고 어떤 자들은 그분에게 침을 뱉고 그분의
얼굴을 가리고 그분을 주먹으로 치고 "알아맞혀 봐라" 하고
말하기 시작했다. 또한 하인들도 예수에게 손찌검을 했다.

예수는 자신을 죽이려는 이런저런 증언들에 침묵을 지킬
뿐이다. 증언들이 일치하지 않음으로써 스스로를 부인했기
때문에 예수가 굳이 반론이나 해명을 할 이유는 없다. 결국
대제관은 모든 소란을 잠재울 질문 하나를 던진다. 대제관은
예수와 송사석 논생을 빌이려는 게 아니라 예수를 분명히,
그러나 아무런 정치적 부담 없이 죽일 수 있는 죄인으로
만들어 내려는 것이다. 다시 말해 예수에게 로마에 대한
반역죄를 적용하려는 것이다. '다행스럽게도' 예수가
자신이 메시아(그리스도)임을 순순히 시인함으로써 대제관은
홀가분하게 심문을 마치며, 잔뜩 긴장하여 지켜보던 다른

사람들도 일시에 긴장을 풀고 이 '꼼짝없이 죽을 목숨'을 함부로 대하기 시작한다.

66 베드로가 내정 아래쪽에 있을 때 대제관의 하녀 하나가 왔다. 67 하녀는 베드로가 (불을) 쬐고 있는 것을 보고 그를 눈여겨보면서 "당신도 저 나자렛 사람 예수와 함께 있었지요" 했다. 68 그러자 베드로는 부인하여 "당신이 무슨 말을 하는지 나는 알 수도 없고 이해할 수도 없소" 했다. 그리고 그는 밖으로 현관을 향해 나갔다. [그러자 닭이 울었다.] 69 그런데 하녀가 그를 보고 곁에 서 있던 이들에게 "이 사람은 그들과 한패입니다" 하고 다시 말하기 시작했다. 70 그러자 베드로는 다시 부인했다. 그런데 잠시 후에 곁에 서 있던 이들이 다시 베드로에게 "당신은 정말 그들과 한패군요. 당신도 갈릴래아 사람이니까요" 했다. 71 그러자 베드로는 저주하고 맹세하기 시작하여 "나는 여러분이 말하는 그 사람을 알지 못하오" 했다. 72 그런데 즉시 닭이 두번째 울었다. 그러자 베드로는 예수께서 그에게 "닭이 두 번 울기 전에 당신은 나를 세 번이나 부인할 것입니다" 하신 말씀을 기억하고 달려 나가며 울었다.

'갈릴래아 사람이니 틀림없이 예수와 한패'라는 말에서 우리는 예수가 갈릴래아 인민들에게서 거의 전적인 지지를 받았다는 것을 알 수 있다. 그리고 동시에 성전과 이해관계를 같이하는 예루살렘 사람들, 즉 이스라엘 주류 사회가 예수와 갈릴래아 사람들을 한 동아리로 묶어 반감을 가졌다는 것도 알 수 있다. 「마태오복음」엔 이렇게 적혀 있다. "그런데 잠시 후에, 서 있던 이들이 다가와서 베드로에게 '당신도 정말 그들과 한패군요. 당신의 말씨에 당신 정체가 드러나니까요.' 했다."(마태 26:73)

예수는 세 해 동안 풍찬노숙하며 고락을 함께한 그토록 아끼고 사랑한 제자들이 모조리 떠날 거라는 것, 그리고 '바위'라는 이름까지 붙여 준 맏제자마저 자신을 저버릴 거라는 걸 알았다. 예수는 이미 꽤 오래전부터, 자신의 길이 영광의 메시아의 길이 아니라 수난과 죽음의 길이라는 걸 분명히 할 때부터 제자들이 자신에게서 조금씩 비켜나고 있음을 확인해야 했다. 예수는 제자들이 잠든 시간에 홀로 기도하며 단호하고 흔들림 없는 모습을 유지했지만 한편으론 극한의 고독과 번민에 몸을 떨어야 했다. '아, 선생님.' 베드로는 이제야 스승의 그 참담한 심경을 깨닫고 쓰러져 슬피 운다.

제 15 장

1 그리고 즉시 새벽에 대제관들이 원로들과 율사들과 함께, 그러니까 온 의회가 결의하여 예수를 결박하고 압송하여 빌라도에게 넘겨주었다. 2 빌라도가 그분께 "당신이 유다인들의 왕이오?" 하고 묻자 그분은 그에게 대답하여 "당신이 (그렇게) 말합니다" 하셨다. 3 그러자 대제관들은 여러 가지로 그분을 고발했다. 4 그리하여 빌라도는 다시 그분께 물어 "당신은 아무런 대답도 하지 않소. 저들이 얼마나 여러 가지로 당신을 고발하는지 보시오" 했다. 5 그러나 예수께서는 아무런 대답도 더 하지 않으시니 빌라도는 이상하게 여겼다.

'의회'란 71명의 대제관, 율법학자, 장로 들로 이루어진 유다 최고 의사 결정 기구인 산헤드린을 말한다. 유다 지역의 사법권은 로마 총독에게 있었지만 종교적 사안에 관한 한 산헤드린이 거의 전적인 자율권을 갖고 있었다. 유다인에게 유대교란 일개 종교가 아니라 생활의 전부였으므로 결국 산헤드린은 '로마에 대한 반역' 혐의를 제외하고는 거의 모든 분야에서 전적인 사법권을 갖고 있었던 셈이다. 그런 산헤드린이 예수를 로마 총독 빌라도(1:14 강독 부분)에게 넘겼다는 건 예수에게 로마에 대한 반역죄를 적용했다는 이야기다. '당신이 메시아(그리스도)인가'라는 대제관의 질문에 '그렇다'고 예수가 대답함으로써 산헤드린은 예수를 빌라도에게 넘길 수 있게 되었다. 그들로선 성전을 모욕했다느니 율법을 어겼다느니 하는 번다한 시비를 거치지 않아도 되고, 인민들의 상당한 지지를 받는 예수를 죽이는 일에 대한 정치적 부담도 덜 수 있는 최선의 방법이었다.

'유다인의 왕'을 자처했느냐, 다시 말해서 반역죄를 지었느냐는 빌라도의 질문에 예수는 긍정도 부정도 하지 않고 "당신이 (그렇게) 말합니다"라고 대꾸한다. 그러나 왕이 무엇인가에 대한 예수의 생각이 기존의 것과 상반되었음을 생각한다면 예수는 분명한 대답을 하는 셈이다. 예수는 자신의 기준(가장 낮은 자리에서 인민을 섬기는 것이 왕이라는)에서 유다인의 왕이 분명하지만, 자신에게 죄를 씌운 사람들과 빌라도의 기준(인민의 위에서 군림하고 다스리는 것이 왕이라는)에서는 왕이 아니다.

6 축제 때마다 그는 사람들이 요구하는 죄수 하나를

놓아주었다. 7 마침, 폭동 중에 살인을 한 폭도들과 함께
바라빠라는 사람이 구속되어 있었다. 8 이윽고 군중이
빌라도에게 올라가서 그가 자기들에게 해 온 관례대로
해 주기를 청하기 시작하였다. 9 그러자 빌라도는
그들에게 대답하여 "내가 유다인들의 왕을 여러분에게
놓아주기를 바라오?" 했다. 10 대제관들이 시기하여
그분을 넘겨주었음을 그는 알아차렸던 것이다. 11 그러나
대제관들은 군중을 선동하여 차라리 바라빠를 자기들에게
놓아 달라고 청하게 하였다. 12 그러자 빌라도는 다시
대답하여 "그러면 [여러분이 말하는] 유다인들의 왕을
내가 어떻게 하기를 [바랍니까?]" 하고 그들에게 말했다.
13 그러니 그들은 다시 소리 질렀다. "그를 십자가형에
처하시오." 14 그러자 빌라도는 그들에게 말했다. "그가
무슨 나쁜 짓을 했단 말입니까?" 그러니 그들은 더욱 소리
질렀다. "그를 십자가형에 처하시오."

예수가 예루살렘에 들어갈 때 "호산나!"를 외치던
군중들은(11:9~10) 왜 고작 나흘 만에 "죽여라!"라고 외치는
걸까? 학자들은 대개 군중들의 생각이 달라져서라고, 혹은
예수를 죽이려는 세력의 사주와 선동 때문이라고 설명한다.
예수를 죽이려는 세력에 의한 사주와 선동이 있었던 건
분명하다. 그러나 군중들의 생각이 달라지기도 했겠지만,

그보다는 군중이 달랐다고 할 수 있다. "호산나!"를 외치던 군중과 "죽여라!"를 외치는 군중은 실은 다른 군중인 것이다. "호산나"를 외치던 군중은 예루살렘으로 들어오던 순례객들, 즉 성전 지배세력의 착취와 억압에 시달리던 갈릴래아 인민을 중심으로 한 사람들이고, 지금 "죽여라"라고 외치는 군중은 예루살렘 사람들, 즉 성전과 이해관계를 같이하는 사람들이다. 예루살렘의 평소 인구가 5만 명가량인데 성전에서 상근하는 사람이 1만 7,000명에 달했으니 예루살렘 사람들은 모조리 성전에서 일하거나 성전 덕에 먹고사는 사람들인 셈이다. 성전의 적은 예루살렘 사람들의 적이었다. 안 그래도 '갈릴래아 놈들의 괴수' 예수를 마땅치 않아 하던 그들은 지난 며칠 동안 예수의 행태 덕분에 분노가 폭발했다. 그들은 예수가 성전 이방인의 뜰에서 장사꾼들을 내쫓으며 "강도들의 소굴"이라 고함칠 때 당장이라도 그를 죽이고 싶었다. "호산나!"는 그렇게 이해관계의 이동을 통해 "죽여라!"로 변한 것이다.

유년 주일학교에서 '강도'라 가르치는 바라빠는 "폭동 중에 살인을 한 폭도들" 가운데 한 사람, 즉 이스라엘의 독립을 위해 무장 항쟁을 벌이던 조직의 성원이었다. 군중들은 "차라리 바라빠를 풀어 달라"고 외친다. "차라리". 그들은 바라빠도 죽이고 싶지만 둘 중 한 사람만 죽일 수 있다면 바라빠를 풀어 주고서라도 예수를 죽이고 싶다는 것이다.
자신들의 이해관계에 반하여 폭동과 살인(다른 입장에서
볼 때 정치적 테러리즘, 혹은 의거이기도 한)까지 한 사람을
석방해서라도 예수를 죽이려 하는 걸 보면 당시 예루살렘
사회가 예수에게 가진 적대감이 어느 정도였는지, 혹은
예수에게서 얼마나 강력한 위협과 공포를 느꼈는지 잘 알 수
있다.

우리는 다시 한 번 '예수는 정치적인 혁명가가 아니었다'는
상투적인 견해에 대해 묵상할 필요가 있다. 우리는 정치적
혁명성이 '주장'되는 게 아니라 지배체제에 의해 '증명'된다는
사실을 기억해야 한다. 겉보기엔 제아무리 혁명적이라 해도
지배체제가 별다른 위협을 느끼지 못한다면 그건 더 이상
혁명적인 게 아니다. 학술적·문화적 차원에 머무는 혁명
이론 따위가 그렇다. 반대로 겉보기엔 그다지 혁명적이라고
여겨지지 않는데 지배체제가 어떤 과격하고 급진적인 혁명
운동보다 더 위협을 느끼고 적대한다면 그것은 분명히
혁명적인 것이다. 예수는 비폭력주의자였고 국가권력을
접수하려고 하지도 않았다. 그건 다 안다. 그런데 왜
지배체제는 폭력을 사용하고 국가권력 접수를 목표로 싸운
바라빠보다 예수에게서 더 큰 위협을 느끼는가? 예수의
정치성에 대해 말하려면 먼저 이 질문에 대답해야 한다.

총독 빌라도가 예수를 죽이기를 꺼리는 모습은 빌라도에 대한 다른 역사적 기록들과는 거리가 있다. 요세푸스를 비롯한 유력한 역사가들은 빌라도를 매우 냉혹하고 영악한 인물로 기록한다. 빌라도는 예수가 죽고 7년 후 해임되어 송환되는데 그 주요한 이유도 소요 사태를 지나치게 잔인하게 진압했기 때문이었다. 빌라도에 대한 호의적인 묘사는 「마르코복음」 집필 당시 기독교인들이 처한 사회적 상황에서 비롯한 것이다. 로마에 의해 탄압받고 있던 그들은 자신들의 그리스도가 로마에 대한 반역죄로 처형된 사람이라는 사실이 곤혹스러울 수밖에 없었다. 그들은 예수가 정치적 반역과는 거리가 먼 사람이며 로마 총독도 예수를 죽이고 싶어 죽인 게 아니라 유다 지배세력의 압력 때문에 어쩔 수 없었음을 강조하면서, 그들의 종교가 로마와 적대적이지 않음을 애써 주장한 것이다. 그들의 주장은 분명 사실과 다르지만 그들의 신앙에 문제가 되진 않았다. 그들은 이미 역사 속에서 실제로 살아 숨 쉰 예수보다는 '죽음으로 내 죄를 대속한 그리스도' 예수, 즉 신학과 교리 속에 갇힌 예수를 선택한 상태였기 때문이다.

15 마침내 빌라도는 군중을 만족시키려고 그들에게 바라빠를 놓아주고, 예수는 채찍질한 다음 십자가형에 처하라고 넘겨주었다. 16 군인들이 내정 곧 총독 관저 안으로 그분을

데리고 가서, 전 부대를 소집했다. 17 그러고서는 그분께
자주색 옷을 입히고 가시관을 엮어 그분께 씌웠다. 18 그리고
그분에게 환호하기 시작했다. "만세, 유다인들의 왕." 19 또
갈대로 그분의 머리를 치고 그분께 침을 뱉으며 무릎을 꿇어
그분께 경배했다. 20 그리고 그분을 놀리고 나서 그분에게서
자주색 옷을 벗기고 본래의 옷을 그분께 입혔다. 그러고서는
그분을 십자가형에 처하기 위해서 그분을 데리고 나갔다.
21 그리고 그들은 지나가는 어떤 사람을 강요하여 그분의
십자가를 지게 했다. 그는 키레네 사람 시몬으로서 시골에서
오는 중이었고 알렉산드로와 루포의 아버지였다. 22 그리고
그분은 골고타라는 곳으로 데리고 갔으니, 이는 해골터라는
뜻이다. 23 그리고 몰약을 탄 포도주를 그분께 드렸으나
그분은 받지 않으셨다. 24 그리고 그분을 십자가형에 처하고,
그분의 옷을 나누어 가졌는데 누가 무엇을 차지할지 그에
대해 주사위를 던졌다. 25 아홉 시가 되자 그들은 그분을
십자가형에 처했다. 26 그분의 죄목 명패에는 "유다인들의
왕"이라고 씌어 있었다. 27 또한 그들은 그분과 함께 강도
둘을 십자가형에 처했는데, 하나는 그 오른편에 또 하나는
왼편에 달았다. (28)[6] 29 그런데 지나가던 이들이 자기네
머리를 흔들면서 그분을 모독하여 말했다. "하하, 성전을

---

6 어떤 사본에는 28절에 다음과 같은 말이 있다. "그리하여 '그는 범죄자로
간주되었다.' 한 성서의 말씀이 이루어졌다."

헐어 버리고 사흘 안에 세우겠다는 사람아. 30 십자가에서 내려와 네 자신이나 구하려무나." 31 같은 모양으로 대제관들도 율사들과 더불어 놀리면서 서로 말했다. "남들은 구했지만 자신은 구할 수 없나 보구나. 32 그리스도, 이스라엘의 왕은 지금 십자가에서 내려와 보시지. 그러면 우리가 보고 믿겠는데." 그분과 함께 십자가에 달린 자들도 그분을 모욕했다.

채찍은 긴 가죽 끈 두 개의 끝에 뼛조각과 쇳조각을 단 것으로 사람을 치면 살점과 뼛조각이 튀었다. 십자가 처형을 하기 전에 채찍질을 했는데 그것만으로 죽는 죄수도 있을 만큼 잔혹한 형벌이었다. 알렉산드로스 대왕 이후 헬레니즘 문화권에서 왕들은 자주색 옷을 입고 황금 잎사귀 모양의 왕관을 썼다. 군인들은 예수에게 자신들의 자색 망토를 입히고 가시 왕관을 씌워 조롱한다. 기진한 예수는 형장까지 십자가를 지고 가지 못한다. 몰약을 탄 포도주는 일종의 마취제다. 그러나 예수는 맑은 정신으로 최후를 맞기 위해 마시지 않는다.

십자가는 흔히 알고 있는 것과는 달리 위쪽 머리 부분이 튀어나오지 않은 'T'자 형태로, 땅에 수직으로 고정해 놓은 말뚝 위에 가로지르는 나무를 얹은 구조였다. 예수가 지고 간

십자가는 바로 가로지르는 나무인 것이다. 죄목을 적은 패를 죄수 앞에 들고 가거나 그의 목에 매달고 가서 십자가 말뚝에 그 패를 고정시켰다. 발가벗겨져 매달린 죄수는 심한 조롱을 받았다. 십자가에 못 박힌 사람은 목마름과 탈진과 순환기 이상에서 오는 졸도로 죽게 되는데, 때로는 여러 날이 지나 죽기도 했다. 죽음을 앞당기기 위해 종아리 부분을 부서뜨릴 수 있었다. 더 이상 발로 무게를 분담하지 못하고 온몸의 무게가 팔에 걸리면 좀더 빨리 숨이 막혀 죽었다.

십자가형은 당하는 사람에게나 보는 사람에게나 가장 끔찍한 처형 방법이었다. 목을 치든 매달든, 총으로 쏘든 전기의자에 앉히든 어느 시대나 처형 방법의 공통점은 가장 짧은 시간에 절명할 수 있도록 고안되었다는 것이다. 그러나 십자가 처형은 정반대였다. 절명하는 데 아주 오랜 시간이 걸렸다. 높이 매달려 죽어 가는 모습을 사람들에게 적나라하게 보여야 한다는 것도 더할 나위 없이 수치스러운 것이었다. 그래서 십자가형은 로마 시민에겐 사용되지 않았고 노예와 식민지 백성들에게만 사용되었다. 로마의 식민지에서 십자가 처형은 정치적 반역자에게 적용되었다. 그 지역 어디서고 고개만 들면 보이는 높은 곳에 발가벗겨져 매달린 채 몸을 뒤틀며 서서히 죽어 가는 사형수의 모습은, 식민지 백성들로 하여금 로마에 저항하면 어떤 대가를 치르게 되는지

몸서리날 만큼 정확히 되새기도록 했다.

예수와 함께 십자가에 달린 '강도들', 즉 조국의 해방을 위해 목숨을 걸고 싸우다 체포되어 죽어 가는 그들은 예수를 '모욕'한다. 그 모욕은 물론 개인적이고 인간적인 차원이 아니라 메시아로서 기대를 받았던 예수의 이해할 수 없는 행보에 대한 경멸이다. 유다가 번민 끝에 스승을 배신하게 만들고 세 제자가 죽음을 앞두고 기도하는 스승 옆에서 잠들게 만들고, 결국 모조리 도망하고 스승을 부인하게 만든 행보에 대한 경멸.

33 그리고 열두 시가 되자 어둠이 온 땅을 덮어 오후 세 시까지 계속되었다. 34 그리고 세 시에 예수께서는 큰 소리로 외치셨다. "엘로이 엘로이 레마 사박타니?" 이는 "나의 하느님, 나의 하느님, 어찌하여 나를 버리셨습니까?"라는 뜻이다. 35 곁에 서 있던 이들 가운데 몇 사람이 듣고서 말했다. "저것 봐. 엘리야를 부르네." 36 그러자 어떤 사람이 달려가 해면을 식초에 적신 다음 갈대 (끝)에 감아서 그분으로 하여금 마시게 하면서 말했다. "자 여러분, 엘리야가 와서 그를 내려 주나 봅시다." 37 그런데 예수께서는 큰 소리를 내시면서 숨을 거두셨다.

십자가에 달린 죄수 가운데는 며칠이나 살아 있는 경우도
있었으니 예수는 비교적 일찍 숨을 거둔 편이다. 십자가를
형장까지 지고 가지도 못한 것도 그렇고, 그만큼 예수의 몸
상태가 좋지 않았다는 이야기다. 그것은 유다인의 왕에
대한 로마 군인들의 가혹한 심문과 채찍질의 결과이기도
하겠지만, 활동 종반부에 접어들면서 생긴 극도의 고독감과도
관련이 있을 것이다. 사람이란 고단한 활동이 연속되어도
자신의 생각이나 지향이 동료들에게서 이해받고 지지받을
때 힘이 솟아나는 법이다. 그러나 예수처럼 가장 가까운
제자들에게서조차 이해받거나 지지받지 못하고 배신당하고
부인된다면 그것만으로도 절반은 죽은 사람이나 다를 게
없다. 아무리 그 모든 것을 예상했다 하더라도. "나의
하느님, 나의 하느님, 어찌하여 나를 버리셨습니까?" 예수는
마지막으로 하느님을 원망하는, 하느님에게 자신의 선택이
정말 옳은 것인지 묻는 회한에 찬 한마디를 부르짖는다.
그리고 비명인지 탄성인지 모를 큰 소리를 지르고는 숨을
거둔다.

예수가 어떤 사람이었는가에 대한 해석이나 의견은 매우
다양하다. 사랑과 용서의 결정체, 영성가, 비폭력주의자,
하느님의 아들 등등. 그런 모든 해석이나 의견을
존중하더라도 절대 생략되어서는 안 되는 게 있다.

그것은 바로 예수가 '지배체제에 의해 사형당했다'는 사실이다. 예수와 관련한 모든 해석과 의견들은 예수가 '왜 사형당했는지'를 설명할 수 있어야 한다.

이를테면 '예수는 사랑과 용서의 결정체'라 말하는 사람들은 사랑과 용서의 결정체인 그가 왜 사형당했는지 설명할 수 있어야 한다. '사형당하는 사랑과 용서의 결정체'에 대해 설명해야 한다. 예수가 영성가라고 말하는 사람들은 예수가 영성가인데 왜 사형당했는지 설명할 수 있어야 한다. '사형당하는 영성가'에 대해 설명해야 한다. 예수가 비폭력주의자라고 말하는 사람들은 예수가 비폭력주의자인데 왜 사형당했는지 설명할 수 있어야 한다. '사형당하는 비폭력주의자'에 대해 설명해야 한다. 그러지 못하면서 예수의 모습에서 제 마음에 드는 한 부분만 똑 떼어 내어 예수는 사랑과 용서의 결정체입네, 예수는 영성가입네, 예수는 평화주의자입네 하는 것은 예수를 욕보이는 일이다. 사형은커녕 1년 내내 뺨 한번 맞을 일 없이 안락하게 살아가면서 예수 흉내로 세상의 존경과 명예를 구가하는 건 예수를 팔아먹는 짓이다.

사회적 모순이 존재하는 한, 다들 세상이 좋아지고 달라졌다고 해도 어느 한 귀퉁이엔가 인간으로서 위엄을

잃고 살아가는 사람들이 존재하는 한, 예수를 좇는 사람은
지배체제와 불화할 수밖에 없다. 물론 우리가 사는 세상은
예수가 살던 세상처럼 지배체제와 불화했다고 해서 쉽게
죽임을 당하는 세상은 아니다. 그러나 지배체제의 직간접적
탄압과 주류 사회에서의 배제, 그리고 대개의 사람들에게서
(심지어 같은 길을 간다고 믿는 사람들에게서조차) 일어나는
오해와 곤경은 다르지 않다. 지배체제와 불화하지 않으면서,
아무런 오해와 곤경에 처하지 않으면서, 이쪽에서도 칭찬받고
저쪽에서도 존경받으면서, 예수를 좇고 있다 말하는 건
가소로운 일이다.

38 그러자 성전 휘장이 위에서 아래까지 둘로 찢어졌다.
39 그리고 그분을 마주 보고 거기 서 있던 백부장이, 그렇게
[소리 지르면서] 숨을 거두시는 것을 보며 말했다. "참으로
이 사람은 하느님의 아들이었다."

성전 휘장은 성전 한복판에 있는 지성소, 즉 하느님이 거하는
곳이며 오로지 대제관 한 사람만 1년에 단 한 번 들어갈
수 있는 그 공간에 쳐진 휘장을 말한다. 예수가 죽는 순간
휘장이 위에서 아래까지 찢어졌다는 것은 예수가 죽는
순간 인간과 하느님이 제관도 속죄 제물도 필요 없이 직접
소통하고 만나게 되었다는 것을 상징한다. 이젠 여자든

남자든 아이든 어른이든 의인이든 죄인이든 선택받은 유다인이든 그렇지 않은 이방인이든, 아무런 절차나 중개자 없이 언제 어디서든 하느님과 대화하고 만날 수 있게 된 것이다. 내가 하느님을 찾는 순간 하느님은 내 말에 귀를 기울인다. 하느님과 소통하는 데 성전도 교회도 제관도 목사도 필요하지 않다. 하느님을 찾는 모든 사람이 제관이며 목사이며 하느님과 소통하는 모든 곳이 성전이며 교회다.

40 여자들도 멀리서 지켜보고 있었는데 그들 중에는 막달라 여자 마리아, 작은 야고보와 요세의 어머니 마리아, 그리고 살로메가 있었다. 41 그들은 그분이 갈릴래아에 계셨을 때 그분을 따르면서 그분의 시중을 들었었다. 또한 그분과 함께 예루살렘에 올라온 다른 여자들도 많이 있었다.

열두 지파를 상징하는 열두 제자는 모두 남성이지만 예수의 제자들 가운데는 여자들도 적지 않았다. 인류 역사를 통틀어 남성 현인이 여성 제자와 함께 활동한 경우는 예수가 거의 유일하다. 더구나 예수 당시의 이스라엘은 여성을 사람으로 여기지 않는 사회였다. 그런데 여성 제자들은 예수 최후의 순간까지 함께한다. 이것은 여성 제자들이 공식적이고 대외적인 위상과는 달리 예수와 가장 가까운, 그리고 예수를 가장 잘 이해하는 제자들이었다는 것을 드러낸다.

남성 제자들은 처음에 여성을 같은 사람으로 대하는 스승을
이해할 수 없었지만 조금씩 익숙해져 갔을 것이다. 그러나
예수가 죽고 기독교가 가부장적 종교로 커 가는 과정에서
여성 제자들은 '자연스럽게' 배제되었다. 그 가운데서도
가장 악의적으로 배제된 인물이 예수와 가장 가까웠고 예수
최후까지 함께했으며 예수의 시신이 없어진 것을 발견한,
즉 제자로서 '완벽한 정통성'을 가진 막달라 마리아다.
흔히 막달라 마리아는 '창녀'로 알려져 있다. 그러나 성서
어디에도 그가 창녀라는 직접적인 언급은 없다. 그런 왜곡은
막달라 마리아가 초기 기독교의 주인 노릇을 하려는 남성
제자들에게 얼마나 부담스러운 존재였는지를 알려 준다.

물론 오늘 성숙한 의식을 가진 사람이라면 막달라 마리아가
창녀였다고 해서 그의 인간적 가치를 폄훼하지 않겠지만,
예수 당시 유다 사회에서 여성의 '행실'은 그 여성의 인간적
가치의 전부였다. '마리아는 창녀'라는 루머 하나로 간단하게
예수와 가장 가까웠던 제자가 파멸했던 것이다.

42 이미 저녁때가 되었고, (그날은) 준비일, 즉 안식일
전날이었다. 43 아리마태아 출신 요셉이 왔는데 그는 유력한
의회 의원이었고 그 역시 하느님의 나라를 기다리고 있었다.
그는 용기를 내어 빌라도에게 가서 예수의 몸을 (내달라고)

청했다. 44 그러니까 빌라도는 그분이 이미 돌아가셨는지 의아하게 여겼다. 그래서 백부장을 불러 그분이 벌써 돌아가셨는지 그에게 물었다. 45 그리하여 백부장에게 알아본 다음 시체를 요셉에게 내주었다. 46 그러자 그는 삼베를 산 다음 그분을 내려다가 삼베로 싸서, 바위에 뚫린 무덤에 그분을 안장하고, 무덤 입구에 돌을 굴려 놓았다. 47 그런데 막달라 여자 마리아와 요셉의 (어머니) 마리아는 그분이 어디에 안장되는지 바라보고 있었다.

십자가 처형을 받은 죄수는 원칙적으로 장례를 치를 수 없었다. 시체는 들짐승들이 뜯어 먹게 되어 있었다. 심지어 조의를 표하는 것도 '반역자에게 동조하는' 행동으로 여겨졌다. 그러나 신망 있는 산헤드린 의원 요셉이 빌라도에게 간청하여 예수의 시체를 받아다 장례를 치른다. 기록되어 있지는 않지만 요셉은 그 일로 작든 크든 어떤 곤경에 처했는지도 모른다. 어쨌거나 산헤드린의 의원 가운데에도 그렇게 적극적인 지지자가 있었다는 건 예수의 영향력이 어느 정도였는지 짐작하게 한다.(14:12~15) 지배체제가 그토록 예수를 죽이려 애를 쓴 이유도.

제 16 장

1 그리고 안식일이 지나서 막달라 여자 마리아와 야고보의 마리아와 살로메는 가서 그분께 발라 드리려고 향료를 샀다. 2 그리하여 그들은 주간 첫날 꼭두새벽, 해가 떠오를 무렵에 무덤으로 갔다. 3 그들은 서로 말했다. "누가 우리를 위해서 무덤 입구에서 돌을 굴려 내주겠습니까?" 4 그러면서 눈을 들어 바라보니 돌이 굴려져 있었다. 사실 그 돌은 매우 컸다. 5 그들이 무덤으로 들어가 보니 웬 젊은이가 흰옷을 입고 오른편에 앉아 있었다. 그들은 몹시 놀랐다. 6 그러자 그는 그들에게 말했다. "놀라지 마시오. 여러분이 십자가에 처형되신 나자렛 사람 예수를 찾고 있지만, 그분은 부활하시어 여기 계시지 않습니다. 보시오, 그분을 안장했던 곳입니다. 7 그러니 떠나가서 그분의 제자들과 베드로에게 '그분이 여러분에게 말씀하신 대로 그분은 여러분에 앞서 갈릴래아로 가실 것이니 여러분은 거기서 그분을 뵙게 될 것입니다'라고 하시오." 8 그러자 그들은 나와서 무덤에서 도망쳐 버렸다. 그들은 벌벌 떨고 당황했던 것이다. 그래서

아무에게도 말을 하지 않았다. 그들은 겁을 먹었던 것이다.

당시 이스라엘 사람들은 바위산에 굴을 파서 무덤으로 사용했다. 그곳에 죽은 사람을 베로 동여매어 안치하고 입구는 맷돌처럼 생긴 큰 돌을 굴려 막았다. 예수가 죽은 지 이틀이 지난 일요일 새벽, 막달라 마리아를 비롯해 예수의 최후를 함께한 세 여성이 예수의 무덤이 비었음을 발견한다. 흰 예복을 입은 젊은이(천사)가 예수는 부활하여 갈릴래아로 갔다고 말한다.

예수의 부활이 사실인가를 둘러싼 논쟁은 끝이 없다. 기독교도들은 '부활이 없었다면 기독교도 없었다'며 굳세게 예수의 부활을 주장한다. 반면 부활은 많은 사람들에게 기독교를 불신하는 가장 주요한 이유가 되기도 한다. 그러나 예수의 부활은 역사 속에 실재한 사건임에 틀림없다. 예수가 부활하지 않고는 일어날 수 없는 일들이 일어났기 때문이다. 가장 극적인 일은 예수가 잡히자 뿔뿔이 흩어졌던 제자들이 어느 순간 "예수가 부활했다!" 외치며 죽음을 두려워하지 않고 예수를 전하기 시작한 것이다. 그들의 달라진 모습 사이에 예수의 부활 사건이 있다.

문제는 예수의 부활이 사실인가가 아니라 부활이 무엇인가다.

예수의 부활을 둘러싼 모든 주장과 논란은 예수의 부활이
육체의 부활, 즉 예수의 죽은 세포들이 재생한 사건이라는
전제를 갖는다. 그러나 부활이 단지 죽은 육체가 되살아난
것이라면 부활은 '영원한 생명'과 아무런 관계가 없다.
살아난 육체는 즉시 노화를 시작하고 어쩌면 그날 다시
죽을 수도 있다. 죽은 육체가 사흘 만에 살아났다는 건
단지 육체가 사흘 동안 노화를 멈추었다는 의미일 뿐이다.
물론 그것만으로도 대단한 이적이지만, 그런 이적이 우리의
존경이나 신앙을 불러일으킬 수는 없다.

이 문제에 대해 예수는 이미 제자들 앞에서 충분히 이야기한
바 있다. 사람은 대개 육체를 사용하는 시간을 목숨이
유지되는 시간이라고 생각한다. 그 유한함은 우리를
겸허하게 하는 게 아니라 오히려 집착에 빠지게 한다.
금방이라도 인생이 지나가 버릴까 아쉬워, 혹은 반대로
인생이 영원하기라도 한 것처럼, 집착하는 것이다. 예수는
그렇지 않다고, 육체의 목숨은 진정한 목숨이 아니라고,
육체의 목숨에 연연하면 진정한 목숨을 영원히 잃고 만다고
말한다.(8:34~38)

제자들은 예수의 죽은 몸이 살아난 광경을 본 것일까?
그럴지도 모른다. 그러나 그게 다라면 그들은 돌아오지

않았을 것이다. 그들은 이미 살아 있는 예수를 떠났었다. 그들은 예수가 말한 '진정한 목숨'의 의미를 비로소 깨달은 것이다. 그래서 그들은 예수가 죽지 않았다고, 영원히 살아 있다고 외치기 시작한 것이다.

목숨이란, 살아 있다는 것이란 진정 무엇인가? 육체의 젊음과 아름다움은 그것이 찬미되는 순간에도 이미 늙고 있다. 엄청난 돈과 권력을 가진 사람들은 누구보다 힘차게 살아 있는 듯 보이나, 그들을 둘러싼 모든 인간적 호의와 관계들은 대개 그들이 가진 돈과 권력을 향한 것이다. 그들이 살아 있는 게 아니라 돈과 권력이 그들의 시체를 쓰고 살아 있는 것이다. 스무 살짜리 노인도 있고 여든이 넘은 청년도 있다. 몸은 살아 있되 목숨은 죽은 사람도 있고, 몸은 죽은 지 오래이나 목숨은 생생히 살아 있는 사람도 있다. 목숨이 소중한 것을 모르는 사람은 세상에 없지만 진정한 목숨이 무엇인지를 진지하게 묵상하는 사람은 참 드물다. 그래서 육체의 목숨에 집착하느라, 그 목숨이 지속하는 시간 동안의 안락과 이런저런 부질없는 욕망의 충족에 매달리느라 정작 그 시간조차 허비하고 마는 게 우리의 인생이다.

우리는 예수의 제자들이 그랬듯, 내 삶 속에서 예수가 부활하게 함으로써 영원한 목숨을 얻을 수 있다. 이것은 오랜 종교적 수련이나 특별한 구도 행위를 필요로 하지 않는다. 누구라도, 바로 이 순간에 선택할 수 있는 일이다. 남보다 많이 가진 것을 자랑스러워하던 사람이 이 순간 그런 삶을 부끄럽게 여기고 자발적 가난을 선택한다면 예수가 그 안에서 부활한 것이다. 권력을 얻은 후에 낮고 약한 사람들 편에 서겠다던 사람이 이 순간 스스로 권력을 잃어 낮고 약한 사람들을 섬기는 삶을 살기 시작한다면 예수가 그 안에서 부활한 것이다. '옳다는 건 알지만 현실이', '먹고사는 문제 때문에', '좀더 경제적 안정을 얻고 나서'라고 되뇌며 제 삶의 틀에서 한 치도 벗어나지 못하던 사람이 이 순간 고통스러운 삶의 현장으로 새처럼 훌쩍 날아오른다면 예수가 그 안에서 부활한 것이다.

2,000년 전에 몸은 죽었지만 여전히 우리 곁에서 살아 숨 쉬는 예수는 우리에게 묻는다. '목숨이 뭐라고 생각합니까? 정말 살아 있다고 생각합니까?'

9 주간 첫날 새벽에 그분은 다시 살아나신 뒤 막달라 여자 마리아에게 처음으로 나타나셨는데, 그 여자에게서 일곱 귀신을 쫓아내어 주신 적이 있었다. 10 그 여자는 가서 그분과 함께 지냈던 이들에게 알렸는데 그들은 슬퍼하며 울고 있었다. 11 그들은 그분이 살아 계시며 그 여자에게

보였다는 말을 듣고도 믿지 않았다. 12 그 뒤 그들 가운데 두 사람이 걸어가고 있을 때에 그분은 다른 모습으로 나타나셨는데 그들은 시골로 가던 중이었다. 13 그들이 돌아가서 다른 사람들에게 알렸으나 그들의 말도 믿지 않았다. 14 마지막으로 열한 사람이 식탁에 자리 잡고 있을 때에 나타나셨다. 그분은 그들의 불신과 완고한 마음을 꾸짖으셨다. 그분의 부활하신 모습을 본 사람들을 그들이 믿지 않았던 것이다. 15 그러고서는 그들에게 말씀하셨다. "온 세상으로 가서 모든 조물에게 복음을 선포하시오. 16 믿고 세례를 받는 사람은 구원을 받겠지만 믿지 않는 사람은 단죄를 받을 것입니다. 17 믿는 사람들에게는 이런 표징들이 따를 것입니다. 내 이름으로 귀신들을 쫓아내고, 새로운 언어들을 말하며, 18 [손으로] 뱀을 집어 들거나 치명적인 것을 마셔도 그들은 아무런 해도 입지 않고 병자들에게 손을 얹으면 성하게 될 것입니다." 19 그리하여 주 [예수]께서는 그들에게 말씀하신 다음 하늘로 올라가시고 하느님 오른편에 앉으셨다. 20 그리고 그들은 떠나가서 사방에 (복음을) 선포했는데, 주께서 함께 일하시며 표징들을 따르게 함으로써 말씀을 굳히셨다.

* 그 여자들은 전해 들은 모든 것을 베드로와 일행에게 간단히 이야기했다. 그 뒤 예수께서도 친히 그들을 통하여 동쪽에서 서쪽까지 영원한 구원의 거룩하고 썩지 않는

선포를 전파시키셨다. 아멘.

예민한 독자라면 9절을 읽으며 뭔가 연결이 어색하다는 느낌을 받을 것이다. 본디 「마르코복음」은 16장 8절로 끝난다. 9~22절은 2세기에 덧붙여진 것으로 오래된 사본들에는 없다. 「마태오복음」과 「루가복음」은 「마르코복음」을 기반으로 쓰였지만, 이 부분은 「마르코복음」엔 없다가 「마태오복음」과 「루가복음」에 추가된 내용들을 요약해서 거꾸로 「마르코복음」에 덧붙였다. 예수 운동이 기독교라는 종교가 되고 기독교가 다시 신학과 교리를 갖추어 가면서 '부활한 예수가 사람들에게 나타난 이야기'와 '예수가 승천하는 이야기'가 중요해지고 「마르코복음」은 오히려 그런 중요한 이야기들이 빠진, 결함을 가진 복음서로 취급되면서 생긴 일이다. 이 부분은 다시 둘로 나뉜다. 9~20절의 '긴 끝맺음', '*'표 이후의 '짧은 끝맺음'이다. '긴 끝맺음' 대신 '짧은 끝맺음'만 있는 사본들도 있다. 어쨌거나 이 부분은 '가장 먼저 쓰인, 그래서 예수의 모습을 가장 잘 그릴 수 있는 복음서'라는 「마르코복음」의 특별한 의미와는 무관하며, 따라서 우리가 네 개의 복음서 가운데 「마르코복음」을 특별히 여기는 이유와도 무관하다.